JN440453

치유음식관광론

이웅규 · 김보성 · 김용완 · 구윤자 · 이준혁 지음

치유음식관광론

책을 내면서

본 교재는 치유음식관광을 통해 우리 학습자들의 외연을 확장하는 데 집중하였다. 이를 위해 치유음식관광문화의 핵심 개념과 주요 내용을 분석하고 요약하여 꼭 필요한 사항만을 전달하고자 하였다. 특히, 현대의 병리학적인 사회에서 음식으로 치유해야 하는 절박한 사람들을 위한 외침을 외면하지 않고자 노력하였다. 더 나아가 우리 사회에서 문제시되고 있는 소외되고 낙후되어 가는 지역소멸을 방지하는 데 있어서 로컬푸드 기반의 음식관광만큼 좋은 소재가 없다는 점을 고려하여 더욱 집중하였다.

치유음식과 관광이 상호작용하여 서로가 시너지를 극대화함으로써 지역경제를 활성화하고, 개인에게는 음식을 통해 사람들과 소통하고 친밀감을 드높일 뿐만 아니라 음식 자체로서도 사람들에게 치유의 효과를 주는 등 그 약리적 효과가 다양한 분야의 연구에서 입증되고 있다는 점이 본 교재 발간의 의의를 강조하는 데 이바지하였다.

한편, 본 교재를 집필하는 동안 제정된 치유관광산업법, 해양치유자원법, 치유농업법, 그리고 이전에 제정되어 치유산업을 견인해왔던 산림휴양법과 산림복지법이 교재 집필에 많은 도움을 주었다는 점도 밝히고자 한다.

치유음식이나 치유음식관광에 관한 추가 학습 및 연구를 위한 리소스 및 참고자료를 소개받고자 하는 분은 본 저자들에게 이메일 등으로 연락하면 성실하게 응답해줄 것이다. 이러한 연대를 통해『치유음식관광론』교재로 만난 인연을 더욱 다양한 측면으로 연결하여 메마르고 무엇인가 부족한 듯한 불확실한 미래를 서로 의지하며 살 수 있는 환경을 만드는 데 상호 이바지하였으면 한다.

그래서 본 교재는 치유음식관광문화와 관련한 내용으로 탄탄하게 구성하고, 학습자들이 깊이 있는 지식을 습득하고 실제 활용 가능한 역량을 갖출 수 있도록 도움을 주는 데 최선을 다하고자 노력하였다.

아울러 본 교재가 발간되기까지 많은 도움을 준 모든 분과 생성형AI 제미나이를 통해 도움을 받게 된 새로운 세상에 대해서도 감사의 마음을 전하고자 한다. 특히, 출판을 맡아주시고 본서의 방향을 지적해주신 대왕사 박성진 대표와 박정술 상무, 이재길 부장, 그리고 여러 편집부 가족들에게 진심으로 머리 숙여 감사의 뜻을 전하고자 한다.

본문 원고 작성 후, 일부 문장의 매끄러운 흐름과 교정 및 교열을 위해 AI 도구(Gemini)를 활용하였으며, 모든 최종 내용은 저자가 수정 및 검토하였다.

2026년 3월

공동저자 대표 이웅규 씀

차례

3 치유음식과 건강

6 치유음식과 지속가능한 관광

7 치유음식관광과 문화교류

8 산업으로서의 치유음식관광문화

9 치유음식관광문화의 심리학

10 교육과 연구를 통한 치유음식관광 역량 강화

11 레시피 연구 및 프로젝트

12 치유음식관광의 동향과 미래 전망

13 피지컬 AI 시대의 치유음식 관광 문화: 지속가능하고 혁신적인 발전 전략

www.daewangsa.net

1장

THE THEORY OF HEALING FOOD AND TOURISM

치유음식관광문화의 이해

1. 치유음식의 정의와 역사

1) 치유음식의 정의

치유음식(Healing Food)은 단순히 생리적 허기를 채우거나 미각을 만족시키는 차원을 넘어, 신체적 건강의 회복, 정신적 안정의 도모, 그리고 사회적 유대감의 강화라는 다층적인 기능을 통합적으로 수행하는 음식을 의미한다. 즉, 치유음식이란 몸을 건강하게 만들고, 우리 몸의 자연치유력을 키워 병을 예방하거나 회복을 돕는 음식을 말한다. 이는 단순히 배를 채우는 기능을 넘어, 식재료의 영양 성분과 조리 과정을 통해 신체적·정신적 건강에 긍정적인 영향을 주고자 하는 목적을 가지고 있다.

이처럼 음식이 가진 고유의 영양학적 가치는 물론, 그 음식을 둘러싼 문화적·역사적 의미와 개인의 경험적 요소까지 포괄하는 광범위한 개념인 치유음식이 최근 주목받고 있다. 현대 사회가 속도와 효율을 중시하며 음식을 단순한 '연료'나 '상품'으로 취급하는 경향이 짙어짐에 따라, 음식의 본질적 가치를 회복하려는 시도로써 치유음식의 중요성은 더욱 주목받고 있다.

(1) 치유음식의 주요 특징 및 원칙

- **건강 증진 및 회복:** 질병의 예방이나 증상 완화, 전반적인 건강 유지 및 증진에 도움을 준다.
- **자연치유력 강화:** 우리 몸이 스스로 회복할 수 있는 능력을 키워준다.
- **섭취 원칙**
  - 자연에 가까운 음식: 가공을 최소화하고 본연의 상태를 살린 식재료를 사용한다.
  - 제철 식재료 활용: 계절에 따라 가장 영양가가 풍부한 다양한 식재료를 선택한다.

• 저자극 조리: 자극적이지 않고 담백하며, 소화가 잘되도록 정성껏 조리한다.
• 영양의 조화: 균형 잡힌 영양소를 섭취하여 몸의 건강 유지와 회복을 돕는다.

(2) 치유음식의 세 가지 핵심적인 차원에서의 의미

동양 철학에서는 약식동원(藥食同源), 즉 '약과 음식은 근원이 같다'는 개념을 통해 음식이 질병의 예방과 치유에 중요한 역할을 한다고 보아 왔다. 치유음식은 이러한 철학을 현대적으로 계승하고 있다. 이에 치유음식은 크게 세 가지 핵심적인 차원에서 그 의미를 구체화할 수 있다.

첫째, 영양적 치유(Nutritional Healing)의 차원이다. 이는 음식이 가진 생화학적 성분을 통해 인체의 항상성을 유지하고, 질병을 예방하며, 자연치유력을 증진시키는 기능을 말한다. 동아시아의 전통적인 '약식동원(藥食同源)' 사상, 즉 음식과 약의 근원은 같다는 관점이 이를 잘 대변한다. 특정 영양소가 결핍되거나 과잉될 때 발생하는 신체적 불균형을 바로잡고, 면역 체계를 강화하는 것이 핵심이다.

- **기능성 성분 공급:** 비타민, 무기질, 필수 아미노산, 항산화 물질 등 인체의 정상적인 대사 활동과 기능 유지에 필수적인 영양소를 공급한다. 예를 들어, 오메가-3 지방산이 풍부한 등푸른 생선은 혈행 개선과 두뇌 건강에 기여하며, 다채로운 색상의 채소와 과일에 함유된 파이토케미컬(phytochemical)은 강력한 항산화 작용으로 노화와 세포 손상을 방지한다.
- **체질 개선 및 면역력 증진:** 발효음식인 김치나 된장에 포함된 유산균은 장내 미생물 생태계를 건강하게 만들어 소화 기능을 돕고 전신 면역력을 높이는 데 중요한 역할을 한다. 또한, 제철에 나는 식재료는 그 계절에 인체가 필요로 하는 에너지를 가장 효율적으로 공급하는 자연의 섭리를 담고 있다.

둘째, 심리적 치유(Psychological Healing)의 차원이다. 음식은 미각뿐만 아니라 시각, 후각, 촉각 등 다양한 감각을 자극하며 정서적 안정과 긍정적 감정을 유발한다. 특정 음식이 과거의 행복한 기억을 소환하는 '프루스트 효과(Proust effect)'처럼, 음식은 강력한 심리적 매개체로 작용한다.

- **감각적 즐거움과 스트레스 완화:** 따뜻한 국물 요리가 주는 온기, 허브 티의 은은한 향기, 아삭한 채소의 식감 등은 그 자체로 심리적 위안을 주고 긴장을 이완시킨다. 이는 음식을 통한 오감의 만족이 뇌의 보상 회로를 자극하여 스트레스 호르몬인 코르티솔 수치를 낮추고 행복 호르몬인 세로토닌 분비를 촉진하기 때문이다.
- **조리 과정의 몰입과 성취감:** 음식을 직접 준비하고 조리하는 행위는 일종의 명상적 효과를 가진다. 재료를 씻고, 다듬고, 썰고, 끓이는 과정에 집중하다 보면 복잡한 상념에서 벗어나 현재에 몰입하게 되며, 완성된 요리를 통해 창조적인 성취감과 만족감을 느낄 수 있다. 이를 '쿠킹 테라피(Cooking Therapy)'라고도 한다.

셋째, 사회적 치유(Social Healing)의 차원이다. 함께 음식을 나누어 먹는 행위, 즉 '공동식사(Commensality)'는 인류의 역사에서 가장 보편적이고 근원적인 사회적 활동이었다. 식사를 함께하는 것은 단순한 영양 섭취를 넘어, 신뢰를 형성하고 관계를 맺으며 소속감을 확인하는 중요한 의례(ritual)이다.

- **공동체 유대감 형성:** 가족 식사, 마을 잔치, 명절 음식 나눔 등은 공동체의 가치와 정체성을 확인하고 세대 간의 문화를 전승하는 역할을 한다. 특히 김장 문화처럼 여러 사람이 함께 노동하고 그 결과물을 나누는 과정은 '정(情)'으로 대표되는 한국 고유의 끈끈한 연대감을 형성하는 기반이 된다.
- **사회적 고립감 해소:** 1인 가구가 급증하고 개인화가 심화되는 현대 사회에서 함께하는 식사는 사회적 고립과 외로움을 완화하는 효과적인 처방이 될 수 있다. 지역의 '소셜 다이닝(Social Dining)' 모임이나 공동 부엌 프로그램은 새로운 관계망을 형성하고 정서적 지지를 나누는 현대적인 사회적 치유의 사례이다.

이 세 가지 차원은 독립적으로 존재하기보다 상호 유기적으로 작용하며 시너지를 창출한다. 예를 들어, 가족이 함께 제철 식재료로 정성껏 만든 저녁 식탁은 영양적 건강을 챙기는 동시에, 대화를 통해 심리적 안정감을 얻고 가족이라는 공동체의 유대를 강화하는 통합적인 치유의 장(場)이 되는 것이다.

결론적으로 치유음식은 개인의 신체적 건강, 정서적 안정, 그리고 사회적 관계망을 동시에 회복하고 강화하는 통합적이고 다차원적인 개념이라 정의할 수 있다. 이는 음식을 단순한 물질이 아닌, 개인의 삶과 공동체의 문화를 아우르는 총체적인 치유의 매개체로 바라보는 관점의 전환을 요구한다.

다음 표는 치유음식의 다차원적 특징을 요약한 것이다.

구분	주요 내용	예시
영양적 치유	신체 기능 회복, 질병 예방, 면역력 증진	제철 식재료를 활용한 보양식, 발효음식, 채소 위주의 식단
심리적 치유	정서적 안정, 스트레스 완화, 긍정적 기억 환기	허브 티, 따뜻한 죽, 어린 시절의 '소울 푸드(Soul Food)'
사회적 치유	공동체 연대 강화, 소속감 증진, 사회적 고립 완화	마을 잔치 음식, 가족 명절 밥상, 소셜 다이닝

2) 치유음식의 역사

치유음식은 특정 시대의 발명품이 아니라, 인류가 생존하고 번성하는 과정에서 자연스럽게 축적해 온 지혜의 산물이다. 선사 시대 인류는 경험을 통해 어떤 식물이 독이 되고 어떤 식물이 약이 되는지를 학습했으며, 이는 인류 최초의 치유음식 데이터베이스가 되었다. 이처럼 생존과 직결되었던 음식에 대한 지식은 각 문명권의 자연환경과 철학을 만나 체계적인 문화로 발전하였다.

(1) 고대 사회: 약과 음식의 경계가 없던 시대

고대 문명에서 음식과 약은 분리된 개념이 아니었다. 자연에서 얻는 모든 것은 생명을 유지하는 양식이자 질병을 다스리는 약재로 인식되었다. 이는 동서양을 막론하고 공통적으로 나타나는 현상이다.

- **동아시아의 약식동원**(藥食同源)**:** 중국에서는 일찍부터 자연의 이치를 담은 음양오행설을 바탕으로 본초학(本草學)과 약선(藥膳) 문화가 발달했다. 약선은 단순히 약재

를 넣어 끓인 음식이 아니라, 개인의 체질(태양인, 태음인, 소양인, 소음인 등)과 계절의 변화, 그리고 건강 상태를 종합적으로 고려하여 식재료를 배합하는 정교한 맞춤형 건강 식단이었다. 한국 역시 이러한 사상의 영향을 받아 곡물, 채소, 발효식품을 중심으로 한 일상식을 통해 건강을 유지했다. 특히 더위로 기력이 쇠하는 삼복(三伏)에 뜨거운 삼계탕을 먹어 기를 보충하는 '이열치열(以熱治熱)'의 지혜는 대표적인 사례이다.

- **서양의 자연주의 철학:** 고대 그리스의 의학자 히포크라테스(Hippocrates)는 "음식으로 고치지 못하는 병은 약으로도 고칠 수 없다"라는 말을 남기며, 질병의 예방과 치료에 있어 음식이 가장 근본적인 역할을 함을 역설했다. 그는 환자의 식단 관리를 치료의 첫 단계로 삼았으며, 이는 서양 의학의 뿌리에 음식의 치유적 가치가 깊이 내재되어 있음을 보여준다.
- **인도의 아유르베다**(Ayurveda)**:** 인도의 전통 의학인 아유르베다 역시 개인의 체질(도샤, Dosha)에 따른 맞춤형 식단을 통해 몸과 마음의 균형을 찾는 것을 핵심 원리로 삼는다.

(2) 중세와 전통 사회: 종교와 생활 속에 스며든 치유음식

중세 시대에 들어 치유음식은 종교적 수행이나 공동체의 생활 관습과 결합하며 더욱 정교하고 특화된 형태로 발전했다.

- **유럽의 수도원과 허브:** 중세 유럽의 수도원은 고대 그리스-로마 시대의 의학 지식을 보존하고 발전시키는 학문의 중심지였다. 수도사들은 정원(physic garden)에서 다양한 허브와 약초를 재배하고 그 효능을 연구했으며, 이를 활용한 음식을 만들어 환자를 돌보거나 수도 공동체의 건강을 관리했다. 이는 향후 서양 허브 요리와 자연요법의 기원이 되었다.
- **동아시아의 사찰음식과 궁중음식:** 불교의 전파와 함께 발달한 사찰음식은 '살생을 금한다'는 계율에 따라 육식을 배제하고, 마음을 안정시키고 수행에 정진하는 데 도움이 되는 채식 위주의 식단을 추구했다. 특히 정신을 흐트러뜨린다고 알려진 마늘,

파, 부추, 달래, 흥거(무릇) 등 오신채(五辛菜, 불교에서 수행에 방해된다고 여겨 금하는 다섯 가지 맵고 향이 강한 채소)를 사용하지 않는 것이 특징이다. 한편, 조선시대의 궁중에서는 왕의 건강이 곧 나라의 안녕이라는 생각 아래, 전의감(典醫監)의 의관과 숙수((熟手, 잔치 때 음식을 만드는 사람이라는 뜻으로, 조선시대 궁중에 소속되어 요리하던 남성 궁중 요리사)가 협력하여 왕의 식사를 관리하는 '식치(食治)' 개념이 발달했다.

(3) 근대 이후: 과학의 옷을 입은 치유음식

19세기 이후 화학, 생리학 등 근대 과학이 발전하면서 음식의 치유적 기능은 과학적 언어로 설명되기 시작했다. 경험적으로만 전해지던 지식들이 영양학(Nutrition)이라는 학문 체계 안에서 성분과 효능이 분석되고 검증되었다.

- **영양소의 발견과 기능성 식품의 등장:** 비타민, 미네랄 등 필수 영양소의 발견은 특정 질병이 영양 결핍으로 인해 발생할 수 있음을 증명했다. 이는 각 지역의 민간요법으로 내려오던 음식들이 '건강식,' '기능성 식품'으로 재조명받는 계기가 되었다. 예를 들어, 괴혈병 예방을 위해 신선한 채소와 과일을 섭취했던 영국 해군의 사례는 비타민 C의 중요성을 보여주는 역사적 사건이다.

비타민 C란?

비타민 C는 강력한 항산화 작용으로 세포를 보호하고, 콜라겐 합성을 도와 피부, 뼈, 혈관 건강에 기여하며, 철분 흡수를 촉진하고 면역력을 강화하는 등 다양한 기능을 수행한다. 또한, 스트레스 해소와 피로 회복에도 도움을 줄 수 있다.

비타민 C의 주요 기능

- 항산화 및 노화 방지: 유해산소로부터 세포를 보호하여 세포 산화를 막고 노화 예방에 도움을 준다.
- 콜라겐 합성: 피부, 뼈, 혈관, 잇몸 등 신체 조직의 구성 성분인 콜라겐 생성을 돕는다.
- 철분 흡수 촉진: 체내 철분 흡수를 돕고, 활성형 철분으로 전환시켜 콜라겐 합성을 증가시키는 역할도 한다.
- 면역력 강화: 면역 세포의 분화와 증식을 촉진하고, 활성산소로부터 면역 세포를 보호하여

면역 체계를 돕는다.

- 스트레스 해소: 부신 기능을 활성화하고 스트레스 호르몬 조절에 관여하여 피로 회복에 도움을 준다.
- 피부 건강: 콜라겐 합성 및 항산화 작용으로 피부 탄력을 유지하고, 멜라닌 색소 생성을 억제하여 주근깨, 기미 완화에 도움을 줄 수 있다.
- 혈관 건강: 활성산소로 인한 혈관 염증을 줄이고, 나쁜 콜레스테롤의 산화를 억제하여 동맥경화, 고지혈증 개선에 기여한다.
- 신경 기능: 신경전달물질 합성에 관여하며 뇌 기능 조절에 중요한 역할을 한다.

✣ **체계화된 건강 식단의 확산:** 일본의 '마크로비오틱(Macrobiotic)'은 동양의 음양 사상을 바탕으로 통곡물과 채식 위주의 식사를 강조하며 장수 식단으로 주목받았다. 또한, 20세기 중반 이탈리아, 그리스 등지의 주민들에게 심장 질환 발병률이 낮다는 사실에 착안한 '지중해식 식단'은 올리브유, 생선, 채소 중심의 식단으로, 현대 영양학이 인정한 대표적인 건강 식단으로 자리 잡았다.

마크로비오틱(Macrobiotic)이란?

마크로비오틱은 '크다(macro)'와 '생명(biotic)의 합성어로, 자연의 생명력을 최대한 섭취하여 건강하게 오래 사는 것을 목표로 하는 식생활 및 생활 방식이다. 제철 음식, local food, 음양의 조화, 그리고 버리는 것 없이 식재료를 통째로 먹는 전체식(whole food)을 지향한다.

마크로비오틱의 주요 원칙

- 신토불이(身土不二): 자신이 사는 지역의 땅에서 나는 제철 음식을 먹는다.
- 일물전체(一物全體): 식재료의 껍질, 뿌리 등을 포함한 모든 부분을 버리지 않고 통째로 먹는다. 예를 들어 현미를 껍질째 먹고, 채소의 껍질이나 자투리 부분으로 육수를 내는 방식이다.
- 음양의 조화: 음식의 음(陰)과 양(陽)의 균형을 맞추는 것을 중요하게 생각하며, 자신의 건강 상태에 맞춰 식단을 조절한다.

실천 방법

- 현미와 같은 통곡물을 주로 섭취한다.
- 채소와 과일의 껍질째 먹기: 유기농산물을 구매하면 껍질째 먹는 것이 가능하다.
- 자투리 채소 활용: 양파 껍질, 브로콜리 심 등을 활용하여 채수를 끓이는 등 음식물 쓰레기를 줄인다.

- 적게 먹고 오랫동안 씹기: 적당량을 먹고 천천히 씹는 습관을 들인다.
- 자신의 몸을 살피기: 음식을 섭취할 때 몸에서 어떤 작용이 일어나는지 의식하고, 자신에게 필요한 음식을 선택한다.

지중해식 식단이란?

지중해 식단은 지중해 연안 국가들의 전통적인 식습관을 바탕으로 하며, 올리브유, 채소, 과일, 통곡물, 견과류, 생선 등을 주로 섭취하고 붉은 육류 섭취는 최소화하는 식단이다. 이 식단은 심혈관 질환 예방, 당뇨 및 비만 개선 등 건강상의 이점 때문에 주목받으며, 불포화지방산과 다양한 영양소 섭취가 핵심이다.

지중해식 식단의 주요 특징

- 주요 식품
  - 매일 섭취: 채소, 과일, 통곡물, 콩류, 견과류, 올리브유
  - 주 2회 이상 섭취: 생선과 해산물
  - 적당량 섭취: 가금류, 유제품(주로 요거트), 계란
  - 소량 섭취: 붉은 육류, 설탕
- 건강한 지방: 버터 대신 올리브유를 사용하고, 생선을 통해 오메가-3 지방산을 충분히 섭취하는 것이 핵심이다.
- 간을 하는 방법: 소금과 설탕 사용을 최소화하고, 허브나 후추 등 천연 향신료를 사용한다.
- 식사 형태: 식사와 함께 와인을 소량 곁들이는 경우가 많다.

지중해식 식단의 건강상의 이점

- 심혈관 질환 예방: LDL 콜레스테롤 수치를 낮추고 HDL 콜레스테롤을 높이는 데 도움을 준다.
- 만성 질환 관리: 당뇨병, 고혈압, 고지혈증과 같은 만성 질환 예방에 효과가 있다.
- 체중 감량: 건강한 지방과 풍부한 식이섬유로 인해 체중 감량 및 비만 억제에 도움이 될 수 있다.
- 뇌 건강 및 노화 방지: 오메가-3 지방산과 비타민은 뇌 건강 증진에 기여하며, 토마토 등의 항산화 성분은 노화 방지에 도움이 된다.

(4) 현대: 일상과 산업으로 확장된 치유음식

20세기 후반, 경제 성장과 함께 만성 질환이 급증하면서 건강한 삶에 대한 대중적 관심이 폭발했다. 치유음식은 더 이상 특별한 상황에서 찾는 것이 아닌, 일상 속에서 건강을 관리하는 적극적인 수단으로 자리매김했다.

✣ **웰빙**(Well-being)**과 로하스**(LOHAS) **트렌드:** 신체적 건강뿐만 아니라 정신적·사회적 건강까지 추구하는 웰빙 문화와, 개인의 건강을 넘어 환경과 사회의 지속가능성까지 고려하는 로하스 라이프스타일이 확산되면서 유기농, 로컬푸드, 슬로푸드 운동이 힘을 얻었다.

✣ **개인 맞춤형 치유와 관광과의 융합:** 유전체학(Genomics)의 발달로 개인의 유전자 정보에 기반 한 맞춤형 영양 관리가 가능해졌으며, 고혈압, 당뇨 등 생활습관병 관리를 위한 저염식, 저당식 등이 대중화되었다. 나아가, 음식을 통한 치유의 경험 자체가 중요한 여행 동기가 되면서, 지역의 특색 있는 식재료와 음식 문화를 체험하는 '치유음식관광'이라는 새로운 산업 분야로 진화하고 있다.

다음 표는 시대에 따른 음식의 특징과 사례를 요약한 것이다.

시대	주요 특징	대표 사례
고대	음식과 약의 통합, 자연 철학 기반의 맞춤 식단	중국의 약선, 한국의 이열치열 보양식, 히포크라테스의 식단 요법
중세	종교적 수행 및 생활 관습과의 결합	유럽 수도원의 허브 요리, 한국의 사찰음식 및 궁중 식치
근대	영양학적 원리 규명, 건강 식단의 과학적 체계화	지중해식 식단, 마크로비오틱, 기능성 식품의 발전
현대	웰빙, 로하스 등 라이프스타일과의 결합, 산업화	유기농/로컬푸드, 개인 맞춤형 식단, 치유음식관광

3) 치유음식의 중요성

치유음식은 단순히 개인의 건강을 유지하는 차원을 넘어, 과잉과 결핍이 공존하는 현대 사회가 직면한 복합적인 문제들에 대한 통합적 해법을 제시하는 중요한 문화적·사회적 자산이다. 고도로 산업화된 식품 시스템과 파편화된 공동체 속에서 우리가 잃어버린 가치를 회복하는 열쇠가 될 수 있다는 점에서 그 중요성은 아무리 강조해도 지나치지 않다.

(1) 개인적 차원: 질병의 예방과 주체적인 건강관리

현대 사회는 비만, 당뇨, 고혈압, 심혈관 질환 등 잘못된 식습관과 생활 방식에서 비롯된 만성적인 생활습관병의 대유행 시대를 맞고 있다. 치유음식은 질병이 발생한 후 약물에 의존하는 사후적 치료가 아닌, 일상 속에서 건강을 지키고 질병을 예방하는 사전적, 예방의학적 관점에서 핵심적인 역할을 수행한다.

- **과학적으로 입증된 건강 증진 효과:** 항산화 물질이 풍부한 '컬러 푸드(Color Food)'는 노화의 주범인 활성산소를 제거하며, 등푸른 생선에 다량 함유된 오메가-3 지방산은 혈중 중성지방을 낮추고 혈액순환을 돕는다. 특히 한국의 전통 발효식품은 장내 마이크로바이옴(microbiome)의 균형을 맞춰 '제2의 뇌'라 불리는 장 건강을 증진시키고, 이는 면역력 강화와 직결된다. 이는 막대한 사회적 비용을 유발하는 의료비 부담을 경감시키는 실질적인 효과로 이어진다.

컬러푸드(Color Food)란?

컬러푸드란 빨강, 노랑, 초록, 보라, 흰색 등 천연의 색깔을 가진 식품을 말한다. 식품의 고유한 색은 파이토케미컬이라는 성분 때문이며, 이 성분들이 항산화, 면역 증진, 암 예방 등 건강에 유익한 작용을 한다.

주요 컬러푸드와 효능

- 빨간색: 라이코펜 성분으로 항산화 효과가 뛰어나며, 면역력 증진과 혈관 건강에 도움을 준다(예: 토마토, 사과, 수박).
- 노란색: 카로티노이드 성분을 함유하여 시력 보호와 면역력 강화에 좋다(예: 오렌지, 옥수수, 자몽).
- 초록색: 엽록소, 비타민 등이 풍부하여 혈관과 위장 건강에 도움을 준다(예: 녹차, 브로콜리, 부추).
- 보라색: 안토시아닌 성분으로 노화 방지 효과가 있으며, 항암 효과도 뛰어나다(예: 포도, 블루베리, 가지).
- 흰색: 알리신 성분이 풍부하여 면역력 강화와 항산화 작용을 돕는다(예: 마늘, 양파, 콩).
- 검은색: 안토시아닌, 플라보노이드, 섬유질 등이 풍부하여 노화 방지, 심혈관 질환 예방에 좋다(예: 검은콩, 검은깨, 흑미).

- **건강 주권의 회복:** 인스턴트, 가공식품에 길들여진 식습관에서 벗어나, 자연의 재료를 직접 선택하고 조리하는 과정은 개인이 자기 건강의 주체로 거듭나는 계기가 된다. 무엇을 어떻게 먹을지 스스로 결정하는 행위는 자신의 몸을 존중하고 돌보는 가장 기본적인 실천이다.

(2) 정신적 차원: 마음을 돌보는 일상의 안식처

스트레스, 우울, 불안 등은 현대인의 삶을 위협하는 또 다른 팬데믹이다. 치유음식은 복잡한 일상 속에서 잠시 멈춰 서서 자신을 돌볼 수 있는 가장 쉽고 효과적인 마음 챙김의 도구가 된다.

- **음식과 감정의 상호작용:** 특정 영양소는 뇌의 신경전달물질에 직접적인 영향을 미친다. 예를 들어, 견과류나 바나나에 풍부한 트립토판은 행복 호르몬인 세로토닌의 합성을 돕는다. 또한, 따뜻한 국물 요리나 향긋한 허브차는 그 자체의 온기와 향기로 부교감신경을 활성화하여 심리적 안정감을 주고 스트레스를 완화하는 효과가 있다.
- **마음챙김**(Mindfulness)**의 실천:** 음식의 색과 향, 맛과 식감에 온전히 집중하며 천천히 식사하는 '마음챙김 식사'는 음식에 대한 감사함을 일깨우고 과식이나 폭식을 방지하며, 식사 행위 자체를 하나의 명상적 치유의 시간으로 만들어준다. 이는 끊임없는 자극과 정보의 홍수 속에서 살아가는 현대인에게 필수적인 정신적 휴식을 제공한다.

(3) 사회적 차원: 단절된 관계를 잇는 공동체 회복의 매개

1인 가구의 증가와 개인주의의 심화는 사회적 고립과 외로움이라는 새로운 사회 문제를 낳고 있다. 함께 음식을 만들고 나누는 행위는 원초적이면서도 가장 강력한 힘을 가진 공동체 회복의 도구이다.

- **사회적 자본**(Social Capital)**의 형성:** 가족, 이웃, 친구와 함께하는 식사는 단순한 만남을 넘어 신뢰와 유대, 즉 사회적 자본을 축적하는 과정이다. 지역 축제에서 향토

음식을 나누어 먹거나, 마을 주민들이 함께 김장을 하는 등의 활동은 소속감을 고취하고 지역 공동체를 활성화하는 핵심 동력이 된다. 이는 원도심 공동화, 농촌 고령화 등 지역 소멸 위기를 극복하는 데 중요한 실마리를 제공할 수 있다.

- **세대 간 문화 전승의 통로:** 할머니의 손맛이 담긴 된장, 어머니의 정성이 깃든 명절 음식 등은 단순한 레시피를 넘어 한 가족과 지역의 역사와 정서를 담고 있는 살아 있는 문화유산이다. 음식을 통해 세대 간의 이야기가 오가고 지혜가 전수되면서 문화적 연속성이 유지된다.

(4) 문화 · 경제적 차원: 지역의 가치를 높이는 새로운 성장 동력

치유음식은 지역의 고유한 자연환경과 역사, 문화가 응축된 결과물이다. 이는 그 자체로 독특한 문화 콘텐츠이자, 지속가능한 발전을 이끌 새로운 경제적 가치를 창출하는 원천이 된다.

- **지역 정체성 강화와 브랜드 가치 제고:** 특정 지역의 토양과 기후가 만들어내는 고유한 특성, 즉 테루아(Terroir)가 담긴 식재료와 전통 조리법을 활용한 치유음식은 다른 지역이 모방할 수 없는 강력한 관광 자원이 된다. 이는 '전주비빔밥,' '광주 김치,' '영산포 홍어,' '무안낙지,' '영광굴비,' '보성 녹차,' '구룡포 과메기,' '기장 멸치,' '강화도 밴댕이,' '횡성 한우,' '상주 곶감,' '성주 참외,' '보은 대추,' '진영 단감,' '예산 사과,' '영덕 대게'처럼 지역의 브랜드를 구축하고, 지역에 대한 자긍심을 높이는 역할을 한다.
- **지역경제 활성화의 선순환 구조 창출:** 치유음식관광은 음식을 맛보는 것을 넘어, 식재료가 생산되는 농가를 방문하고, 조리법을 배우는 쿠킹클래스에 참여하는 등 다양한 체험 활동으로 이어진다. 이는 농업, 가공, 유통, 숙박, 관광 등 지역 내 다양한 산업에 걸쳐 부가가치를 창출하고 일자리를 만들어내는 선순환 구조를 형성하며 지역 경제에 새로운 활력을 불어넣는다.

다음 표는 치유음식의 중요성을 다차원적으로 요약한 것이다.

구분	중요성	구체적 내용 및 사례
개인적 측면	예방의학적 건강 증진	생활습관병 예방, 의료비 절감, 건강 주권 회복(장 건강을 돕는 발효식품 섭취 등)
정신적 측면	정서적 안정과 삶의 질 향상	스트레스 완화, 우울감 해소, 마음챙김 식사를 통한 정신적 휴식(향기로운 허브차 마시기 등)
사회적 측면	공동체 유대 강화 및 회복	사회적 자본 형성, 세대 간 문화 전승, 고립감 해소(마을 김장, 소셜 다이닝 등)
문화·경제적 측면	지속가능한 성장 동력 확보	지역 정체성 기반 관광 자원화, 지역경제 선순환 구조 창출(향토음식 축제, 팜투테이블 레스토랑)

2. 치유음식과 관광의 융복합

1) 음식의 품격

음식은 단순히 생명을 유지하기 위해 섭취하는 물질을 넘어, 한 사회의 문화 수준, 미적 감각, 그리고 삶을 대하는 태도를 총체적으로 반영하는 상징적 매개체이다. 특히 몸과 마음의 회복을 목표로 하는 치유음식의 영역에서 이러한 성격은 더욱 강화되어, 우리는 이를 '음식의 품격'이라는 개념으로 논할 수 있다. 음식의 품격은 비싼 식재료나 화려한 기교를 의미하는 것이 아니다. 그것은 재료를 얻는 과정의 정성, 재료의 본질을 존중하는 조리 철학, 음식을 나누는 공간의 분위기, 그리고 그 안에 담긴 고유한 이야기가 조화롭게 어우러질 때 비로소 완성되는 총체적인 가치이다.

(1) 재료의 품격: 신뢰와 진정성의 시작

모든 품격 있는 음식은 탁월한 재료에서 시작된다. 치유음식에서 재료의 품격은 신선함과 안전성을 넘어, 그 재료가 어디서, 어떻게 왔는지에 대한 이야기, 즉 진정성(authenticity)을 담보한다.

- **'팜투테이블**(Farm-to-table)**'의 철학:** 생산지에서 식탁까지의 거리가 짧을수록 재료는 신선하고 영양이 풍부하며, 그 지역의 기운을 온전히 담아낸다. 지역에서 갓 수확한 제철 식재료는 관광객에게는 흉내 낼 수 없는 특별한 경험을, 지역사회에는 생산자와 소비자 간의 신뢰 관계를 구축하는 기반이 된다. 예를 들어, 통영의 바다에서 막 건져 올린 굴, 강원도 정선의 산비탈에서 자란 곤드레나물은 그 자체로 하나의 품격 있는 브랜드가 된다.
- **테루아**(Terroir)**의 발현:** 재료의 품격은 그 지역의 토양, 기후, 지리적 특성인 테루아

를 얼마나 잘 표현하는가에 있다. 해풍을 맞고 자란 해남의 배추와 고랭지에서 단단하게 여문 평창의 배추가 각기 다른 맛과 품격을 지니듯, 재료의 고유한 개성과 정체성은 치유음식의 핵심적인 가치이다.

(2) 조리의 품격: 재료에 대한 존중과 지혜의 발현

훌륭한 재료가 준비되었다면, 다음은 그 재료의 가치를 온전히 살려내는 조리의 품격이 필요하다. 치유음식의 조리는 맛을 더하는 기술(technique)을 넘어, 재료의 생명력을 존중하고 그 영양을 최대한 보존하려는 지혜(wisdom)의 영역이다.

- **최소한의 개입, 최대한의 가치:** 최고의 조리는 재료 본연의 맛과 향을 가리지 않고 오히려 그 잠재력을 최대한 이끌어내는 것이다. 과도한 양념이나 인위적인 첨가물을 배제하고, 찌기, 삶기, 굽기와 같이 재료의 특성을 살리는 건강한 조리법이 중시된다. 이는 음식의 맛뿐만 아니라, 우리 몸이 편안하게 받아들일 수 있도록 돕는 배려의 철학이다.
- **시간을 다루는 기술, 발효와 숙성:** 한국의 김치, 된장, 간장과 같은 발효 음식은 조리의 품격이 지닌 정수를 보여준다. 이는 단순히 재료를 섞는 것을 넘어, 미생물의 활동을 통해 새로운 맛과 영양을 창조하고, 기다림의 미학을 더하는 과정이다. 시간과 자연의 힘을 빌려 재료의 가치를 극대화하는 것, 이것이 바로 조리의 품격이다.

(3) 공간의 품격: 치유 경험을 완성하는 분위기

음식의 맛은 혀끝으로만 느끼는 것이 아니다. 음식이 차려지는 공간의 분위기, 그릇의 모양새, 주변의 소리와 풍경 등 모든 요소가 어우러져 하나의 완성된 경험을 만든다. 치유음식에서 공간의 품격은 음식의 치유 효과를 배가시키는 중요한 역할을 한다.

- **오감을 만족시키는 환경:** 고즈넉한 산사의 정갈한 마루에서 맛보는 사찰음식, 시원한 바닷바람을 맞으며 즐기는 해산물 요리는 음식의 맛 이상의 감동을 준다. 잘 정돈된 청결한 공간, 자연의 소리와 풍경이 어우러진 환경은 식사하는 이의 마음을 차분하게 가라앉히고, 음식에 온전히 집중하게 하여 심리적 안정과 만족감을 극대화

한다.

- **진심이 담긴 접객:** 공간의 품격은 단순히 물리적 환경에만 국한되지 않는다. 음식에 담긴 이야기를 정성껏 설명해주는 직원의 진심 어린 접객은 음식에 대한 이해를 높이고 경험의 가치를 더하는 중요한 요소이다. 이는 음식을 단순한 상품이 아닌, 마음을 담은 선물로 느끼게 한다.

(4) 문화의 품격: 음식에 담긴 이야기와 철학

음식의 품격은 그 음식이 품고 있는 문화적 깊이에서 정점을 이룬다. 한 그릇의 음식에는 한 지역의 역사와 전통, 그리고 삶의 방식과 철학이 고스란히 녹아 있다. 치유음식은 이러한 문화적 품격을 통해 단순한 건강식을 넘어, 한 지역의 정체성을 경험하는 인문학적 창구로 기능한다.

- **먹는 행위를 넘어선 문화 체험:** 한국의 복날 보양식 문화에는 더위와 싸워 이기려 했던 조상들의 지혜가 담겨 있으며, 지중해식 식단에는 가족과 함께 천천히 식사를 즐기는 그들의 생활 철학이 깃들어 있다. 이러한 배경 이야기를 알고 음식을 맛보는 것은 관광객에게 음식을 매개로 한 깊이 있는 문화 체험을 선사하며, 이는 단순한 미각적 만족을 훨씬 뛰어넘는 감동을 준다.
- **학습과 이해의 매개체:** 치유음식을 통해 관광객은 그 지역의 문화를 수동적으로 관람하는 것을 넘어, 직접 맛보고 느끼며 능동적으로 학습하게 된다. 이는 지역 문화에 대한 존중과 이해를 높이며, 관광을 더욱 의미 있는 활동으로 격상시킨다.

다음 표는 음식의 품격과 관련된 내용이다.

구분	핵심 내용	대표 사례
재료	신선도, 안전성, 지역 고유성(테루아)	완도산 전복, 제주 제철 귤, 로컬푸드 직매장
조리	재료 본연의 가치를 살리는 건강한 조리법	저염식 조리, 발효·숙성 기법, 사찰음식의 조리 원칙
공간	오감을 만족시키는 쾌적하고 의미 있는 환경	고택에서의 한정식 체험, 숲속 레스토랑, 바다가 보이는 식당
문화	음식에 내재된 역사, 이야기, 철학	종가 음식의 내림 손맛, 명절 음식의 의미, 이탈리아의 슬로푸드 운동

2) 영양학적 가치와 건강에 미치는 영향

치유음식의 '치유'는 추상적인 개념이 아니라, 현대 영양학의 과학적 근거 위에 세워진 구체적인 기능에 기반 한다. 음식이 인체에 들어와 소화, 흡수, 대사되는 과정에서 발생하는 생화학적 작용이 신체적, 정신적 건강 상태를 결정하는 핵심 요인이기 때문이다. 특히 일상에서 벗어나 새로운 환경에 적응하며 신체적 활동량이 많아지는 관광객에게, 영양학적으로 우수한 치유음식의 섭취는 선택이 아닌 필수라 할 수 있다. 이는 여행의 질을 좌우하고, 관광 경험을 단순한 유람에서 건강한 재충전의 과정으로 승화시키는 중요한 역할을 한다.

(1) 영양 균형을 통한 최적의 신체 컨디션 유지

우리 몸은 정교한 기계와 같아서, 다양한 영양소가 균형 있게 공급될 때 최적의 기능을 발휘한다. 치유음식은 이러한 영양 균형을 맞추는 데 초점을 맞춘다.

- **5대 영양소의 조화:** 활동의 주 에너지원인 복합 탄수화물(통곡물, 뿌리채소 등), 근육의 회복과 생성을 돕는 양질의 단백질(두부, 생선, 살코기 등), 세포막을 구성하고 염증 반응을 조절하는 건강한 지방(견과류, 올리브유 등), 그리고 신체 대사를 조율하는 비타민과 무기질을 골고루 제공한다. 이는 관광객이 여행 내내 활력을 잃지 않고 최상의 컨디션으로 활동할 수 있도록 돕는다.
- **파이토케미컬**(Phytochemical)**의 방어 효과:** 식물이 자외선이나 해충으로부터 스스로를 보호하기 위해 만들어내는 방어 물질인 파이토케미컬은 인체에 들어와 강력한 항산화 작용을 한다. 토마토의 라이코펜(Lycopene), 녹차의 카테킨(Catechin), 포도의 레스베라트롤(Resveratrol) 등이 대표적이다. 이는 세포의 노화와 손상을 막아 피로를 줄이고, 낯선 환경에서 증가할 수 있는 산화 스트레스로부터 우리 몸을 보호한다. '무지개처럼 다채롭게 먹으라'는 건강 캠페인은 바로 다양한 파이토케미컬을 섭취하기 위함이다.

(2) 면역력 강화를 통한 건강한 여행 보장

여행은 즐거운 경험이지만, 동시에 시차, 수면 부족, 새로운 환경의 병원균 노출 등 면역 체계에 스트레스를 주는 요인이 많다. 치유음식은 우리 몸의 방어 시스템을 강화하여 건강한 여행을 보장한다.

- **장(腸) 건강과 면역력의 상관관계:** 인체 면역세포의 70% 이상이 집중된 장은 면역력의 핵심이다. 김치, 된장, 청국장, 요구르트 등 발효식품에 풍부한 프로바이오틱스(probiotics)는 장내 유익균을 증식시켜 장벽을 튼튼하게 하고, 유해균의 침입을 막아 면역 시스템을 안정적으로 유지시킨다. 여행지에서 그 지역의 전통 발효음식을 맛보는 것은 단순히 입맛을 돋우는 것을 넘어, 현지 환경에 대한 신체의 적응력과 방어력을 높이는 지혜로운 방법이다.
- **면역세포 활성화를 돕는 미량 영양소:** 아연(해산물, 육류), 셀레늄(통곡물, 브라질너트), 비타민 D(버섯, 등푸른 생선) 등은 면역세포의 생성과 활동을 직접적으로 돕는 필수 미량 영양소이다. 이러한 영양소가 풍부한 치유음식은 감염에 대한 저항력을 높여 여행 중 발생할 수 있는 각종 질병을 예방한다.

비타민 D란?

비타민 D는 햇빛을 통해 피부에서 합성되는 지용성 비타민으로, 칼슘 흡수를 도와 뼈 건강을 유지하고, 면역력 강화, 암 및 심혈관 질환 예방 등 다양한 역할을 한다. 비타민 D가 부족하면 구루병, 골연화증, 골다공증 등의 뼈 질환이 발생할 수 있으며, 현대인들은 실내 활동 증가, 자외선 차단제 사용 등으로 인해 부족하기 쉽다.

비타민 D의 주요 기능

- 뼈 건강 증진: 장에서 칼슘과 인의 흡수를 도와 뼈를 튼튼하게 한다.
- 면역력 강화: 면역 체계를 활성화하고 염증을 조절하는 데 도움을 준다.
- 만성 질환 예방: 암, 심혈관 질환, 당뇨병, 고혈압 등 만성 질환 예방에 긍정적인 영향을 줄 수 있다.
- 정신 건강: 우울증 예방 및 완화에 도움이 될 수 있다는 연구 결과가 있다.

비타민 D 보충 방법

- 햇빛 노출: 하루 20분 정도 팔과 다리 등 넓은 부위를 햇볕에 직접 쬐는 것이 좋다(오전 10시~오후 3시 사이).
- 음식 섭취: 연어, 고등어 등 기름진 생선, 달걀노른자, 버섯, 비타민 D 강화식품을 통해 섭취할 수 있다.
- 영양제: 햇빛 노출이나 음식으로 충분히 섭취하기 어려울 경우, 건강기능식품을 섭취하는 것도 방법이다. 과다 섭취 시 부작용이 있을 수 있으므로 권장량을 지키는 것이 중요하다.

비타민 D 결핍 시 주의사항

- 비타민 D 결핍은 뼈를 약하게 하고, 성장기 아동에게는 구루병, 성인에게는 골연화증을 유발할 수 있다.
- 과다 섭취는 지용성 비타민의 특성상 체내에 축적되어 혈중 칼슘 농도를 높여 혈압, 식욕 등에 악영향을 줄 수 있다.
- 따라서, 영양제 섭취 시에는 전문가와 상담하거나 혈중 농도를 측정하여 적절한 용량을 결정하는 것이 좋다.

(3) 정신 건강 증진을 통한 온전한 휴식의 완성

진정한 치유는 신체적 건강을 넘어 정신적 평온과 안정을 포함한다. 음식은 뇌 기능과 감정 상태에 직접적인 영향을 미치는 중요한 요소이다.

- **'장-뇌 축**(Gut-Brain Axis)**'을 통한 심리 안정:** 최근 연구는 장과 뇌가 긴밀하게 연결되어 서로 영향을 주고받는다는 사실을 밝혀냈다. 건강한 장내 환경은 '행복 호르몬'이라 불리는 세로토닌의 생성을 촉진하여 안정감과 행복감을 높인다. 즉, 장에 좋은 음식을 먹는 것이 곧 정신 건강을 돌보는 길이 되는 것이다.
- **신경 안정과 숙면을 돕는 성분:** 견과류, 바나나 등에 풍부한 아미노산인 트립토판은 세로토닌과 수면 호르몬인 멜라토닌의 원료가 된다. 캐모마일이나 라벤더 같은 허브차의 향기 성분, 따뜻한 국물 음식의 온기는 중추신경계를 진정시켜 여행지에서의 편안한 숙면을 돕고, 이는 다음 날의 활기찬 활동으로 이어진다.

(4) 관광 경험의 질적 향상과 지속가능성

치유음식의 영양학적 가치는 관광객 개인의 만족도를 높이는 것을 넘어, 관광 경험 전체의 질을 향상시키고 관광지의 매력을 더하는 역할을 한다.

- **능동적 건강 체험 제공:** 관광객은 치유음식을 맛보는 과정에서 자신의 건강에 긍정적인 변화를 직접 체험하게 된다. 이는 단순한 식사를 넘어, 건강한 식습관의 중요성을 배우는 교육적 경험으로 확장된다. 이러한 긍정적 경험과 학습 효과는 해당 관광지에 대한 깊은 인상을 남기고, 재방문이나 긍정적 구전 효과로 이어질 가능성이 높다.
- **웰니스 관광지로서의 브랜딩:** 영양학적으로 우수하고 맛있는 치유음식을 지역의 대표 콘텐츠로 개발하는 것은, 해당 지역을 '몸과 마음이 건강해지는 웰니스(Wellness) 관광지'로 브랜딩하는 효과적인 전략이 될 수 있다.

다음 표는 음식의 영양학적 가치와 효과를 요약한 것이다.

구분	주요 성분 및 특징	건강 효과	대표 사례
항산화 식품	파이토케미컬(라이코펜, 카테킨 등)	세포 손상 및 노화 방지, 피로 해소	베리류, 녹차, 토마토, 짙은 잎채소
발효식품	프로바이오틱스, 각종 효소	장내 환경 개선, 면역력 증진, 소화 촉진	김치, 된장, 청국장, 그리스식 요구르트
고단백 저지방 식품	필수 아미노산, 아연, 철분	근육 회복, 에너지 생성, 빈혈 예방	흰살 생선, 두부, 콩류, 닭가슴살
심리 안정 식품	트립토판, 마그네슘, 테아닌	스트레스 완화, 기분 안정, 숙면 유도	견과류, 바나나, 캐모마일차, 버섯

3) 질병 치유의 원리

치유음식이 질병의 예방과 회복을 돕는 원리는 '음식이 약을 대체한다'는 개념이 아니라, '음식을 통해 우리 몸이 스스로를 치유할 수 있는 최적의 환경을 조성한다'는 원리에 가깝다. 이는 인체가 가진 본연의 자연치유력을 극대화하고, 질병의 근본적인 원인이 될 수 있는 생리적 불균형을 바로잡는 것을 목표로 한다. 치유음식은 현대 의학적 치료와 상충하는 것이 아니라, 상호 보완하며 건강관리의 시너지를 높이는 역할을 한다. 그 핵심적인 원리는 다음과 같다.

(1) 영양 공급을 통한 대사 기능의 정상화

인체의 모든 생명 활동은 세포 단위에서 일어나는 복잡한 대사 과정의 결과물이다. 이 과정에는 특정 영양소들이 '연료'이자 '윤활유'로서 필수적으로 요구된다. 치유음식은 이러한 필수 영양소를 적시에, 균형 있게 공급하여 대사 기능을 정상화한다.

- **거시 및 미량 영양소의 시너지:** 뼈 건강을 위해 칼슘을 섭취할 때, 칼슘의 흡수를 돕는 비타민 D와 마그네슘이 함께 공급되어야 효과가 극대화되는 것처럼, 영양소들은 서로 유기적으로 작용한다. 치유음식은 특정 성분만 추출한 보충제와 달리, 이러한 영양소들이 천연의 형태로 조화롭게 함유된 '완전식품(Whole Food)'을 지향하며 시너지 효과를 높인다.
- **혈당 조절:** 정제된 탄수화물 대신 통곡물, 콩류 등 혈당지수(Glycemic Index, GI)가 낮은 식품을 섭취하면, 혈당이 천천히 올라가 췌장의 부담을 줄이고 인슐린 저항성 개선에 도움을 주어 당뇨병의 예방과 관리에 핵심적인 역할을 한다.

(2) 면역 시스템의 조절 및 강화

질병에 대한 우리 몸의 방어 시스템인 면역계는 과도하게 항진되거나(알레르기, 자가면역질환) 기능이 저하될(각종 감염) 때 문제가 발생한다. 치유음식은 면역계를 '강화'하는 것을 넘어, 균형 있게 '조절(Modulation)'하는 것을 목표로 한다.

- **장내 마이크로바이옴**(Microbiome)**의 균형:** 면역력의 핵심인 장 건강은 유익균(프로바이오틱스)과 그들의 먹이(프리바이오틱스)의 균형에 달려있다. 발효식품을 통해 유익균을 직접 공급하고, 채소와 통곡물에 풍부한 식이섬유로 유익균의 성장을 돕는 식단은, 장벽을 튼튼하게 하여 불필요한 면역 반응을 줄이고 외부 병원균에 대한 방어력을 높인다.

마이크로바이옴(Microbiome)이란?

마이크로바이옴은 '미생물(Microbe)'과 '생태계(Biome)'의 합성어로, 특정 환경에 존재하는 모든 미생물과 그들의 유전체 정보의 총합을 의미한다. 이는 인체, 동물, 식물, 토양, 바다 등 다양한 환경에 존재하는 박테리아, 바이러스, 곰팡이 등을 포함하며, 특히 인체에서는 피부, 위장관 등 다양한 부위에 서식하며 복잡한 미생물 생태계를 이룬다.

마이크로바이옴의 주요 특징

- 다양한 미생물 존재: 마이크로바이옴은 세균뿐만 아니라 곰팡이, 바이러스 등 다양한 미생물로 구성된다.
- 인체에 미치는 영향: 인체 마이크로바이옴은 영양소 흡수, 비타민 생성, 면역계 성숙, 신경계 발달 등 다양한 기능에 관여하며, 건강과 질병에 큰 영향을 미친다.
- 장내 마이크로바이옴의 중요성: 특히 장에는 인체 내 미생물의 90% 이상이 존재하며, 인체 유전자의 150배 이상의 유전자를 보유하고 있다. 장내 마이크로바이옴의 균형은 장 질환뿐만 아니라 비만, 당뇨, 우울증, 노화 등 다양한 질병과 연관이 있다.
- 건강의 열쇠: 장내 미생물 균형이 깨지면 질병을 유발할 수 있어, 마이크로바이옴을 건강하게 유지하는 것이 매우 중요하다.
- 활용 분야 확대: 이러한 특성 때문에 마이크로바이옴 연구는 건강기능식품, 화장품, 의약품 개발 등 다양한 분야로 확장되고 있다.

(3) 만성 염증의 억제와 해독 기능 촉진

만성 염증은 '만병의 근원'이라 불리며, 암, 심혈관 질환, 당뇨, 비만, 치매 등 다양한 질환의 기저 원인으로 지목된다. 치유음식은 이러한 체내의 '조용한 불'을 끄는 소방수 역할을 한다.

✣ **항염증 식단의 구성:** 현대인의 식단에 만연한 오메가-6 지방산(옥수수유, 콩기름 등)은 염증을 촉진하는 반면, 오메가-3 지방산(등푸른 생선, 들기름, 아마씨 등)은 염증을 억제한다. 치유음식은 이 둘의 비율을 균형 있게 맞추고, 강황의 커큐민, 생강의 진저롤, 녹차의 카테킨 등 강력한 항염 효과를 지닌 파이토케미컬의 섭취를 늘려 염증 반응을 제어한다.

오메가-3 지방산이란?

오메가-3 지방산은 체내에서 합성되지 않아 반드시 음식을 통해 섭취해야 하는 필수 지방산의 한 종류로, 불포화 지방산에 속한다. 주요 효과로는 염증 억제, 혈중 중성지방 감소, 심혈관 질환 예방 등이 있으며, 대표적인 성분으로 DHA와 EPA가 있다.

오메가-3 지방산의 종류와 효능

- 알파-리놀렌산(ALA): 식물성 기름(들기름 등)에서 주로 발견된다.
- EPA(에이코사펜타엔산): 등푸른 생선에 풍부하며, 중성지방 수치를 낮추고 혈행 개선, 혈압 감소, 심혈관 질환 예방에 도움을 준다.
- DHA(도코사헥사엔산): 뇌와 망막에 풍부하며, 두뇌 건강과 시력 보호에 중요하다.

오메가-3 지방산의 섭취 방법

- 식품 섭취: 등푸른 생선, 들기름, 견과류 등에 풍부하다.
- 건강기능식품: 처방전 없이 구매할 수 있다.
- 전문의약품: 의사의 처방에 따라 복용하며, 중성지방 수치가 높은 환자에게 처방되기도 한다.

오메가-3 지방산 섭취 시 주의사항

- 오메가-3 지방산은 공기에 장시간 노출되면 산패될 수 있으므로 주의해야 한다.
- 과다 섭취는 심방세동 발생 위험을 증가시킬 수 있다는 일부 연구 결과도 있다.
- 심혈관 질환 위험이 높은 경우 반드시 의사와 상담 후 복용해야 한다.

오메가-6 지방산이란?

오메가-6 지방산은 우리 몸에 필수적인 불포화 지방산의 일종으로, 세포막을 구성하고 생체 신호 전달, 피부 건강 유지 등 다양한 기능을 수행한다. 하지만 오메가-3 지방산과의 균형을 맞추지 못하고 과다 섭취하면 염증이나 혈전 생성의 원인이 될 수 있어 주의해야 한다.

오메가-6 지방산의 역할

- 세포 기능 유지: 세포막을 구성하는 중요한 성분이다.
- 생체 신호 전달: 중요한 생체 신호 전달 과정을 돕는다.
- 피부 건강: 피부를 건강하게 유지하는 데 중요한 역할을 한다.
- 염증 조절: 염증 반응 조절에 관여한다.

오메가-6 지방산의 공급원

- 식물성 기름: 해바라기유, 옥수수유, 포도씨유 등 다양한 식물성 기름에 풍부하게 들어 있다.
- 견과류: 호두, 아몬드 등 견과류에 함유되어 있다.
- 육류: 소고기, 돼지고기 등 육류에도 들어 있다.

오메가-6 지방산 섭취 시 주의사항

- 균형의 중요성: 오메가-6 지방산은 필수적이지만, 오메가-3 지방산과 균형을 맞추는 것이 중요하다.
- 과다 섭취의 위험: 과다 섭취 시 세포 경직, 염증 반응, 혈전 생성의 원인이 될 수 있다. 현대인의 경우 오메가-3에 비해 오메가-6를 과다 섭취하는 경향이 있다.
- 권장 비율: 오메가-3와 오메가-6의 이상적인 섭취 비율은 약 1 : 4 정도로 알려져 있으며, 현대인은 이 비율에서 크게 벗어나는 경우가 많다.

❖ **자연 해독 시스템의 지원:** 인체는 간(Liver)을 중심으로 스스로 독소를 해독하는 정교한 시스템을 갖추고 있다. 치유음식은 이러한 해독 과정에 필요한 영양소를 공급하여 간의 부담을 덜어준다. 브로콜리, 양배추 등 십자화과 채소의 설포라판 성분과 마늘, 양파의 황 화합물은 간의 해독 효소를 활성화하는 대표적인 예이다.

십자화과 채소란?

십자화과 채소는 꽃잎이 십자(+) 모양으로 생겼다고 해서 붙여진 이름이며, 배추, 무, 양배추, 브로콜리, 케일 등이 이에 속한다. 이 채소들은 영양소가 풍부하고 항암 효과를 포함한 다양한 건강 효능이 있는 것으로 알려져 있다.

십자화과 채소의 특징

- 꽃 모양: 꽃잎이 네 개로 십자 모양을 하고 있는 것이 가장 큰 특징이다.
- 대표적인 종류
  - 잎채소: 배추, 양배추, 케일, 청경채, 갓
  - 뿌리채소: 무, 순무, 콜라비
  - 꽃봉오리 / 줄기채소: 브로콜리, 콜리플라워
- 영양 성분: 베타카로틴, 비타민 C · E, 엽산, 식이섬유 등 다양한 영양소가 풍부하다.
- 건강 효능
  - 항암 효과: 설포라판과 같은 성분이 암세포 증식을 억제하는 데 도움을 준다.
  - 항염 효과: 설포라판 성분은 염증을 줄이는 데 기여할 수 있다.
  - 항산화 효과: 이소티오시아네이트(Isothiocyanate)와 같은 항산화 성분이 세포 손상을 막고 염증 반응을 줄여준다.
  - 기타 효능: 면역력 증진, 혈당 조절, 심장 질환 예방 등에 도움이 될 수 있다.

(4) 호르몬 및 신경전달물질의 균형

감정, 스트레스, 수면 등 정신적인 상태는 뇌의 신경전달물질과 스트레스 호르몬의 균형에 의해 크게 좌우된다. 치유음식은 이러한 화학적 균형을 맞추는 데 기여한다.

- **스트레스 반응 조절:** 불규칙한 식사와 잦은 고혈당 쇼크는 스트레스 호르몬인 코르티솔의 분비를 자극하여 우리 몸의 스트레스 반응 시스템(HPA axis)을 교란시킨다. 영양가 있는 음식을 규칙적으로 섭취하는 것은 혈당을 안정시키고 코르티솔의 과잉 분비를 막아 스트레스에 대한 저항력을 길러준다.
- **'행복 호르몬'의 원료 공급:** 우울감 완화와 심리적 안정에 기여하는 세로토닌은 필수 아미노산인 트립토판을 원료로 만들어진다. 콩, 두부, 견과류, 바나나 등 트립토판이 풍부한 식품을 섭취하는 것은 뇌가 필요로 하는 원료를 공급해주는 것과 같다.

(5) 주요 질환별 식이요법 원리 적용

이러한 기본 원리들은 특정 질환의 관리를 위한 구체적인 식이요법으로 응용된다.

- **당뇨병:** 혈당을 급격히 올리지 않는 저혈당지수 식품 위주로 구성하며, 인슐린 감수성을 높이는 데 도움이 되는 식이섬유와 건강한 지방을 충분히 섭취한다.
- **고혈압:** 미국 국립보건원이 개발한 DASH(Dietary Approaches to Stop Hypertension) 식단이 대표적으로, 나트륨 섭취를 제한하고 칼륨(채소, 과일), 칼슘(저지방 유제품), 마그네슘(견과류, 통곡물) 섭취를 늘려 혈압을 조절한다.

DASH(Dietary Approaches to Stop Hypertension) **식단이란?**

DASH는 '고혈압을 멈추기 위한 식사요법(Dietary Approaches to Stop Hypertension)'의 약자로, 전곡류, 저지방 단백질, 채소, 과일, 견과류를 늘리고 포화지방, 염분 섭취를 줄여 혈압을 낮추는 식사법이다. 이 식단은 칼륨, 칼슘, 마그네슘 등 혈압 조절에 도움이 되는 무기질 섭취를 늘리는 데 초점을 맞춘다.

DASH 식단의 주요 특징

- 권장 식품 섭취 증가
  - 전곡류: 통곡물 빵, 현미 등
  - 채소와 과일: 칼륨과 식이섬유가 풍부한 채소와 과일
  - 저지방 단백질 및 유제품: 살코기, 껍질 없는 닭고기, 저지방 또는 무지방 유제품 등
  - 견과류와 콩류: 불포화지방산과 무기질이 풍부한 견과류
- 제한하는 식품 섭취 감소
  - 포화지방과 콜레스테롤: 기름진 육류, 가공육, 고지방 유제품 등
  - 나트륨(염분): 국, 찌개, 볶음 등 나트륨이 많은 식품
- 영양소의 균형: 개별 영양소보다는 여러 영양소가 함께 포함된 식품군 위주로 구성하여 영양소 간 상호작용 효과를 활용한다.

DASH 식단이 필요한 이유

DASH 식단은 미국 국립보건원(NIH)이 고혈압 환자의 혈압을 낮추는 데 효과적이라고 밝힌 식사법으로, 혈압 강하에 도움을 줄 뿐만 아니라 전반적인 건강에도 긍정적인 영향을 미친다. 특히 저염식과 함께 병행할 경우 혈압을 낮추는 효과가 더욱 커진다.

❖ **심혈관 질환:** 혈관에 염증을 유발하고 혈중 지질 수치를 악화시키는 트랜스지방과 정제당 섭취를 최소화하고, 혈행 개선에 도움이 되는 불포화지방산(생선, 올리브유)과 혈관을 깨끗하게 하는 항산화 성분을 적극적으로 섭취한다.

다음 표는 주요 질환별 식이요법 적용 원리를 요약한 것이다.

질환	핵심 원리	대표적인 식단 및 식품
당뇨병	혈당 부하 감소 및 인슐린 기능 지원	통곡물(귀리, 보리), 콩류, 잎채소, 저혈당지수 과일
고혈압	나트륨 배출 촉진 및 혈관 이완	DASH 식단, 칼륨이 풍부한 채소(시금치, 아보카도), 저염식
심혈관 질환	항염증, 혈중 지질 프로필 개선	지중해식 식단, 등푸른 생선(고등어, 연어), 견과류, 올리브유
위장 질환	소화기 부담 최소화 및 장 점막 보호	저포드맵(Low-FODMAP) 식단(과민성대장증후군), 부드러운 죽, 발효유
정신 건강	신경전달물질 원료 공급 및 스트레스 반응 안정	트립토판 / 마그네슘 풍부 식품(콩, 견과류, 바나나), 허브차

4) 치유음식과 관광의 상호작용에 대한 개괄적 이해

치유음식과 관광은 각각 독립된 산업 영역으로 존재할 수 있지만, 둘이 만났을 때 비로소 '1+1=2'를 넘어선 폭발적인 시너지를 창출한다. 이 둘의 관계는 한쪽이 다른 한쪽에 종속되는 것이 아니라, 서로의 가치를 증폭시키고 새로운 시장을 창출하는 역동적인 공생(symbiosis) 관계에 가깝다. 치유음식은 관광 경험에 깊이와 진정성을 더하는 '콘텐츠'가 되고, 관광은 치유음식이 가진 잠재적 가치를 현실의 '상품'과 '체험'으로 구현하는 '플랫폼'이 된다. 이 둘의 상호작용은 치유음식관광이라는 새로운 융복합 문화를 탄생시키는 핵심 엔진이다.

(1) 관광 경험의 질을 고도화하는 치유음식의 역할

여행에서 음식은 더 이상 단순한 생리적 필요 충족의 수단이 아니다. 특히 치유음식은 관광객의 경험 전반을 풍요롭게 하고 여행의 만족도를 결정하는 핵심 요소로 작용한다.

- **기능적 역할:** 신체적 재충전과 활력 제공: 관광객은 낯선 환경에서의 이동, 시차, 평소와 다른 활동량으로 인해 쉽게 피로를 느낀다. 이때 영양학적으로 균형 잡힌 치유음식은 단순한 허기 채움을 넘어, 신체의 회복을 돕고 다음 여정을 위한 활력을 불어넣는 '기능적 역할'을 수행한다. 예를 들어, 해양치유 프로그램에서 제공되는 미네랄 풍부한 해조류 중심의 식단은 신진대사를 촉진하고, 숲길 트레킹 후 맛보는 약초 비빔밥은 피로 해소에 직접적인 도움을 준다.
- **정서적 역할:** 감성적 만족과 기억의 각인: 여행의 기억은 종종 특정 감각, 특히 미각과 함께 각인된다. 지역의 신선한 재료로 정성껏 만든 치유음식을 맛보는 경험은 그 자체로 하나의 감동적인 이벤트가 된다. 고즈넉한 사찰에서 맛본 담백한 사찰음식, 어부가 갓 잡아 올린 생선으로 끓여준 매운탕의 기억은 다른 어떤 관광 활동보다 더 강렬하게 그 지역을 대표하는 인상으로 남으며, 여행의 정서적 만족도를 극대화한다.

✣ **문화적 역할:** 지역과의 진정한 교감: 치유음식은 그 지역의 자연환경과 역사, 사람들의 삶이 응축된 '살아있는 문화유산'이다. 관광객은 음식을 통해 그 지역의 문화적 정체성을 가장 직관적이고 총체적으로 체험하게 된다. 이는 박물관에서 유물을 보는 것과는 차원이 다른, 오감을 통한 능동적인 문화 이해의 과정이며, 관광객이 수동적인 관찰자를 넘어 지역과 진정으로 교감하게 만드는 매개가 된다.

(2) 치유음식의 가치를 실현하고 확산하는 관광의 역할

아무리 뛰어난 가치를 지닌 치유음식이라도 그것을 알아주고 소비해 줄 사람이 없다면 사장될 수밖에 없다. 관광은 바로 이러한 치유음식의 가치를 발굴하고, 새로운 부가가치를 부여하며, 세상에 널리 알리는 결정적인 역할을 수행한다.

✣ **가치의 재구성 및 상품화:** 관광은 지역 주민들에게는 일상이었던 식재료나 음식을 '체험 콘텐츠'라는 새로운 시각으로 재구성한다. 할머니의 손맛이 담긴 장아찌는 '종가집 전통 장아찌 만들기 체험'이라는 상품이 되고, 밭에서 기른 콩은 '두부 만들기 클래스'라는 체험 프로그램으로 재탄생한다. 이 과정에서 음식은 단순한 1차 산물을 넘어, 이야기가 담긴 고부가가치 관광 상품으로 격상된다.

✣ **소비와 체험의 장(場) 제공:** 관광객이라는 새로운 수요층의 등장은 지역 농가와 소상공인에게 안정적인 판로를 제공하고, 전통적인 생산 방식을 고수할 수 있는 경제적 동기를 부여한다. 이는 지역 농업의 생물다양성을 보존하고, 사라져가는 전통 식문화를 계승하는 데 실질적인 기여를 한다.

(3) 선순환을 통한 경제·문화적 파급 효과 창출

치유음식과 관광의 상호작용은 일회성 이벤트로 그치지 않고, 지역사회에 지속가능한 발전을 가져오는 선순환 구조를 만들어낸다.

✣ **경제적 선순환:** '치유음식'이라는 매력적인 콘텐츠가 관광객을 유치하고(수요 창출) → 이는 지역 농산물 소비 촉진, 관련 일자리 창출, 숙박 및 연관 산업의 동반 성장으로 이어지며(지역경제 활성화) → 창출된 이익은 다시 치유음식 콘텐츠의 품질 향

상과 새로운 프로그램 개발에 재투자되어 더 많은 관광객을 유치하는(수요 확대) 선순환 고리를 형성한다.

❖ **문화적 선순환:** 관광을 통해 지역의 음식 문화가 주목받게 되면, 지역 주민들 스스로 자신들의 문화에 대한 자부심을 느끼게 된다(정체성 강화). 이는 다음 세대로의 적극적인 문화 전수로 이어지며(문화 계승), 강화된 문화적 매력은 다시 관광객을 끌어들이는 중요한 자원이 된다(지속가능한 관광).

다음 표는 치유음식과 관광의 역할에 관해 요약한 것이다.

구분	치유음식의 역할 (관광에 대한 기여)	관광의 역할 (치유음식에 대한 기여)
신체적 측면	여행 피로 회복 및 신체 활력 증진	건강 가치에 대한 수요 창출 및 소비 촉진
정서적 측면	감성적 만족감 제공 및 특별한 추억 형성	치유 경험의 무대 제공 및 감동 극대화
문화적 측면	지역 문화의 정수를 맛과 이야기로 전달	전통 식문화의 발굴, 보존 및 현대적 재해석
경제적 측면	고부가가치 관광 콘텐츠의 원천 제공	시장 창출, 상품화 및 지역경제 활성화의 엔진

3. 치유음식관광문화의 범위와 유형

1) 치유음식관광문화의 범위

치유음식관광문화의 범위는 특정 음식이나 식당에 국한되지 않는다. 이는 개인의 내면적 동기에서 시작하여 관광 활동을 통해 구체화되고, 지역의 문화와 산업 전반으로 확장되는 다층적이고 유기적인 영역이다. 마치 하나의 씨앗이 뿌리를 내리고(개인적 범위), 줄기와 잎을 펼치며(관광적 · 문화적 범위), 마침내 풍성한 열매를 맺는(산업적 범위) 과정처럼, 치유음식관광문화의 범위는 동심원을 그리며 확장하는 종합적인 생태계로 이해할 수 있다.

(1) 개인적 범위: 주체적 건강관리와 삶의 질 향상

모든 치유음식관광문화의 가장 핵심적인 출발점은 '더 건강하고 행복한 삶'을 추구하는 개인의 내면적 동기이다. 이 범위에서 치유음식은 질병 치료의 보조 수단을 넘어, 개인이 자기 삶의 주체로서 건강을 적극적으로 관리하고 삶의 질을 향상시키는 능동적인 도구로 기능한다.

- **신체적 · 정신적 웰빙 추구:** 일상에서는 균형 잡힌 식단을 통해 건강을 유지하고, 여행지에서는 웰니스 리조트의 맞춤형 건강식이나 요가 · 명상 프로그램과 결합된 식단을 통해 심신의 이완과 재충전을 도모한다. 이는 수동적인 환자의 입장에서 벗어나, 자신의 몸과 마음을 스스로 돌보는 '건강 주권'을 실현하는 과정이다.
- **라이프스타일로서의 확장:** 치유음식에 대한 관심은 단순히 한 끼 식사에 머무르지 않고, 유기농 식재료를 선택하고, 직접 요리하며, 식습관 전반을 성찰하는 하나의 생활양식(Lifestyle)으로 확장된다. 관광은 이러한 라이프스타일을 집중적으로 체험하

고 학습하는 계기가 된다.

(2) 관광적 범위: 오감을 만족시키는 체험과 학습의 장

치유음식은 관광객을 유인하는 핵심적인 매력이자, 관광 경험의 질을 결정하는 주요 콘텐츠로 기능한다. 이 범위에서 음식은 단순한 먹거리가 아니라, 즐거움 속에서 배우는 '에듀테인먼트(Edutainment)'의 성격을 띤다.

- **다채로운 체험 스펙트럼:** 치유음식관광은 단순히 맛집을 방문하는 수동적 미식 경험을 넘어선다. 지역 장인(匠人)의 지도 아래 전통주를 빚어보거나(가이드 참여), 청정 해역에서 해조류를 직접 채취하고(능동적 참여), 농가에 머물며 식재료 재배부터 조리까지 전 과정을 경험하는(몰입형 체험) 등 다양한 스펙트럼의 체험 활동을 포괄한다.
- **스토리텔링을 통한 가치 증대:** 모든 체험 과정에는 '이야기'가 더해진다. 농부에게 듣는 토종 씨앗의 역사, 셰프에게 듣는 건강 조리법의 원리, 문화해설사에게 듣는 음식에 얽힌 설화 등은 음식에 생명력을 불어넣고, 관광객에게 잊지 못할 의미와 감동을 선사한다.

(3) 문화적 범위: 지역의 정체성과 전통의 계승

치유음식은 지역의 자연환경, 역사, 공동체의 생활 방식이 고스란히 녹아 있는 문화적 자산이다. 이 범위에서 치유음식은 지역의 고유한 정체성을 드러내는 상징이자, 과거와 현재를 잇는 문화 전승의 매개가 된다.

- **유형 및 무형 문화유산의 결합:** 치유음식은 지역 특산물이나 전통 조리 도구 같은 '유형 문화유산'과, 고유의 조리법, 식사 예절, 관련 의례 등 '무형 문화유산'이 결합된 총체적 결과물이다. 관광객은 음식을 맛봄으로써 이러한 유무형의 문화유산을 동시에 경험하게 된다.
- **진정성 있는 문화 교류:** 관광객은 그 지역 사람들이 대대로 먹어온 음식을 함께 나눔으로써, 상업적으로 가공된 관광 상품이 아닌, 지역의 '진짜 삶'을 엿보고 진정성

있는 문화적 교류를 경험한다. 이는 지역 문화에 대한 깊은 이해와 존중으로 이어진다.

(4) 산업적 범위: 지역경제 활성화와 융복합 산업 창출

치유음식관광문화는 1차(농림어업), 2차(제조・가공업), 3차(서비스・관광업) 산업이 유기적으로 결합하여 새로운 부가가치를 창출하는 '6차 산업'의 대표적인 모델이다. 이 범위에서 치유음식은 지역 경제를 견인하는 새로운 성장 동력으로 자리매김한다.

- **가치사슬**(Value Chain)**의 확장:** 치유음식관광은 친환경 농산물 생산(1차)에서부터 장류・효소 등 가공품 제조(2차), 그리고 이를 활용한 레스토랑, 숙박, 축제, 쿠킹클래스 운영(3차)에 이르기까지 광범위한 산업적 가치사슬을 형성하며 지역 내 일자리 창출과 소득 증대에 기여한다.
- **연관 산업과의 융복합:** 치유음식은 그 자체로도 완결된 관광 상품이지만, 다른 산업과 결합하며 그 영역을 무한히 확장한다. 농업 활동을 통해 심리적 안정을 얻는 '치유농업,' 해양 자원을 활용하는 '해양치유,' 숲의 치유 인자를 활용하는 '산림치유' 등과 결합하여 시너지를 창출하며 고부가가치 융복합 산업을 형성한다.

다음 표는 치유음식관광문화의 범위를 요약한 것이다.

범위	주요 내용	구체적 사례
개인적	주체적 건강관리, 웰빙 라이프스타일 추구	웰니스 리조트의 맞춤형 식단, 디톡스 주스 클렌즈 프로그램
관광적	체험과 학습을 통한 에듀테인먼트	사찰음식 쿠킹클래스, 와이너리 투어 및 테이스팅, 팜투테이블 체험
문화적	지역 정체성 체험, 유무형 문화유산의 계승	종가 음식 체험, 슬로푸드 국제 페스티벌, 제주 향토음식 탐방
산업적	6차 산업화를 통한 지역경제 활성화, 융합산업 창출	치유음식 테마 마을, 치유농업 관광단지, 지역 특산물 축제

2) 치유음식관광문화의 유형

(1) 야외에서 간편하게 먹을 수 있는 치유 도시락

현대의 관광객은 박물관이나 유적지를 수동적으로 관람하는 것을 넘어, 숲길을 걷고, 해변을 거닐며, 산을 오르는 등 자연 속에서 능동적으로 활동하기를 원한다. 이러한 야외 활동 중심의 관광 트렌드 속에서, '치유 도시락'은 가장 주목받는 치유음식의 유형으로 떠오르고 있다. 치유 도시락은 패스트푸드나 편의점 음식으로 대표되는 기존의 간편식과는 그 철학을 달리한다. 이는 단순한 편의성을 넘어, '한 상자 안에 담아낸 정성스러운 치유 경험'을 지향하며, 이동하는 관광객을 위한 가장 현실적이고 효과적인 웰니스 솔루션이다.

가) 치유 도시락의 핵심 특징

치유 도시락의 본질은 '세심하게 설계된 편리함'에 있다. 이는 휴대와 섭취의 간편함은 물론, 영양학적 균형, 소화의 용이성, 그리고 심미적 만족감까지 고려한 결과물이다.

- **영양학적 설계:** 치유 도시락은 활동에 필요한 에너지를 지속적으로 공급하고, 신체의 회복을 돕도록 정교하게 설계된다. 느리게 흡수되어 포만감을 오래 유지하는 복합 탄수화물(현미, 통밀빵 등)을 기본으로, 근육 회복을 돕는 양질의 단백질(닭가슴살, 두부, 삶은 계란 등), 그리고 면역력과 신진대사를 지원하는 다채로운 채소와 과일(비타민, 무기질, 파이토케미컬 공급원)이 조화롭게 구성된다.
- **소화의 용이성과 편안함:** 야외 활동 중 위에 부담을 주는 기름진 음식이나 과도한 양념은 오히려 몸을 무겁게 하고 피로를 가중시킨다. 치유 도시락은 찌거나, 삶거나, 굽는 등 건강한 조리법을 기본으로 하며, 소화를 돕는 허브나 발효 소스를 곁들여 활동 중에도 속이 편안하도록 배려한다.
- **오감을 통한 치유:** 잘 만들어진 치유 도시락은 그 자체로 하나의 예술 작품과 같다. 뚜껑을 열었을 때 눈을 즐겁게 하는 다채로운 색의 조화, 신선한 재료에서 풍기는 기분 좋은 향, 그리고 아삭하고 쫄깃한 다양한 식감의 어울림은 식사의 즐거움을

배가시키고 심리적인 만족감을 극대화한다.

나) 치유 도시락의 구성 원칙과 예시

- **원칙 1**(자연 그대로)**:** 가공을 최소화하고 통곡물, 신선한 채소와 과일, 양질의 단백질 등 원재료의 형태와 영양을 최대한 살린다.
- **원칙 2**(다채로운 색상)**:** 빨강(토마토), 초록(시금치), 노랑(파프리카), 보라(가지) 등 다양한 색상의 채소를 활용하여 시각적 매력과 함께 다양한 종류의 항산화 물질을 공급한다.
- **원칙 3**(발효의 지혜)**:** 소화를 돕고 장 건강에 유익한 발효 반찬(백김치, 오이 장아찌 등)이나 발효 소스(된장 딥 등)를 곁들인다.
- **구성 예시:** 현미 주먹밥과 닭가슴살 구이, 7가지 색상의 채소 스틱과 두부 딥 소스, 제철 과일, 그리고 입가심을 위한 페퍼민트 허브 티백.

다) 관광 프로그램과의 시너지 창출

치유 도시락은 특정 관광 프로그램과 결합될 때 그 가치가 극대화된다. 도시락은 해당 프로그램의 주제와 정체성을 완성하는 화룡점정과도 같은 역할을 한다.

- **장소 맞춤형 큐레이션:** '산림 치유 도시락'은 숲에서 나는 버섯, 산나물, 잣 등을 활용하여 피톤치드 가득한 숲의 기운을 입안 가득 느낄 수 있게 한다. '해양 치유 도시락'은 미역, 톳 등 해조류와 신선한 해산물을 중심으로 구성하여 바다의 청량함과 미네랄을 온전히 담아낸다. 도시락을 먹는 행위가 곧 그 장소와 하나 되는 체험이 되는 것이다.
- **지속가능한 가치의 실현:** 치유 도시락은 내용물뿐만 아니라 그것을 담는 용기까지도 치유 철학의 연장선에 있다. 플라스틱 대신 대나무나 옥수수 전분으로 만든 생분해성 용기, 비닐 랩 대신 재사용 가능한 밀랍 랩을 사용하는 것은 환경까지 생각하는 치유의 개념을 실천하는 것이며, 이는 가치 소비를 중시하는 현대 관광객에게 큰 호응을 얻는다.

다음 표는 치유음식 유형에 따른 관광활용 방식을 요약한 것이다.

유형	주요 특징	관광 활용 방식	대표 메뉴 사례
산림 치유형	버섯, 산나물, 견과류 등 임산물 중심. 피톤치드와 어울리는 향	숲길 트레킹, 명상, 산림욕 프로그램과 연계	산채비빔밥, 버섯잡곡밥, 잣소스 샐러드
해양 치유형	해조류, 생선 등 신선한 해산물 중심. 풍부한 미네랄	해안선 걷기, 해수 테라피, 해양 레포츠와 연계	해초쌈밥, 전복내장볶음밥, 생선구이
도시 웰니스형	뇌 기능 활성 및 스트레스 완화에 좋은 식재료 활용. 간편성 극대화	도심 공원 피크닉, 시티 투어, 컨퍼런스 참가자 대상	퀴노아 샐러드, 연어 샌드위치, 견과류 에너지바

(2) 가정에서 면역력 증진을 위해 차리는 치유 밥상

'집밥'이라는 단어는 한국인에게 단순한 식사를 넘어, 따뜻한 보살핌, 정서적 안정, 그리고 가족 공동체의 구심점이라는 깊은 의미를 지닌다. '가정에서 차리는 치유 밥상'은 이러한 집밥의 전통적 가치 위에 현대 영양학의 지혜를 더한, 일상 속 가장 근본적이고 강력한 치유음식의 형태이다. 이는 각종 스트레스와 환경 오염, 새로운 감염병의 위협 속에서 살아가는 현대인에게, 가족의 건강을 지키는 '최전선의 방어벽'이자 가장 실천적인 예방 의학의 시작점이라 할 수 있다.

가) 가정식 치유 밥상의 특징과 철학

가정식 치유 밥상은 전문 레스토랑의 특별한 요리가 아니라, 매일의 꾸준한 실천을 통해 그 힘을 발휘한다. 그 핵심은 '조절 가능성'과 '정서적 교감'에 있다.

- **온전한 통제와 맞춤형 식단:** 가정에서는 식재료의 신선도와 안전성을 직접 확인할 수 있으며, 가족 구성원의 나이, 건강 상태, 활동량에 맞춰 염도, 당도, 조리법을 자유롭게 조절할 수 있다. 이는 외식으로는 불가능한, 온전한 의미의 '개인 맞춤형 건강 식단'을 가능하게 한다. 가공식품에 숨겨진 과도한 나트륨, 당분, 유해한 첨가물로부터 가족을 보호할 수 있다.
- **정서적 치유의 장(場):** 밥상머리 교육이라는 말이 있듯, 함께 식사하는 시간은 가족 구성원 간의 유대감을 형성하고 소통하는 가장 중요한 시간이다. 정성껏 차린 음식

을 나누며 하루의 일과를 공유하고 서로를 위로하는 과정은 그 어떤 상담보다 효과적인 정서적 치유 효과를 가진다. 요리하는 행위는 '보살핌'의 표현이며, 그 음식을 먹는 것은 '사랑받고 있음'을 확인하는 경험이다.

나) 면역력 증진을 위한 구성 원칙

면역력은 특정 영양소 하나로 강화되는 것이 아니라, 다양한 영양소들이 유기적으로 작용하며 유지되는 복합적인 시스템이다. 가정의 치유 밥상은 이러한 시스템을 총체적으로 지원하도록 구성된다.

❖ **주식**(에너지원)**:** 정제된 흰쌀밥 대신 현미, 보리, 귀리 등 통곡물을 섞은 잡곡밥을 기본으로 한다. 통곡물의 풍부한 식이섬유는 장내 유익균의 훌륭한 먹이(프리바이오틱스)가 되어 장 건강의 기초를 다진다.

❖ **주찬**(면역세포의 원료)**:** 항체, 백혈구 등 면역세포의 주성분은 단백질이다. 지방이 적은 닭고기, 필수 아미노산이 풍부한 두부와 콩, 오메가-3가 풍부한 등푸른 생선 등을 번갈아 섭취하여 면역세포가 원활하게 생성되도록 돕는다.

❖ **부찬**(방어 및 조절 시스템)**:** 다채로운 색상의 채소와 과일은 면역력의 핵심 조력자다. 비타민 C(파프리카, 브로콜리)는 면역세포의 활동성을 높이고, 비타민 A(당근, 늙은 호박)는 코, 기관지 등 점막의 방어벽을 튼튼하게 한다. 김치, 된장, 청국장 등 전통 발효식품은 프로바이오틱스를 직접 공급하여 면역계의 균형을 조절한다.

❖ **양념 및 부재료**(특수 지원군)**:** 마늘의 알리신, 생강의 진저롤, 버섯의 베타글루칸, 해조류의 후코이단 등은 각각 강력한 항균, 항염, 항바이러스 효과를 지닌 '천연 면역 증강 물질'로, 치유 밥상의 약효를 더하는 중요한 역할을 한다.

다) 관광 콘텐츠로서의 확장 가능성

가정식 치유 밥상은 '가장 한국적인 웰빙 라이프스타일'을 체험하고자 하는 외국인 관광객에게 매우 매력적인 관광 콘텐츠가 될 수 있다. 이는 단순한 식사 제공을 넘어, 한국의 '정(情)' 문화를 체험하는 통로가 된다.

❖ **체험형 프로그램으로의 발전:** 농촌의 한옥 민박이나 팜스테이(Farm Stay) 프로그램

과 연계하여, 관광객이 호스트 가족과 함께 텃밭에서 채소를 수확하고, 장독대에서 장을 퍼 와 함께 음식을 만들고, 겸상을 하여 식사하는 통합 프로그램을 구성할 수 있다. 이는 관광객에게 잊을 수 없는 진정성 있는 경험을 선사한다.

팜스테이(Farm Stay)란?

팜스테이(Farm Stay)는 농장(Farm)에서 머물며(Stay) 농사일, 농촌 생활, 문화 체험과 지역 축제 등을 즐기는 농촌 체험 관광 프로그램이다. 단순히 농가에서 숙박하는 것을 넘어, 농촌의 자연과 문화를 체험하며 휴양을 즐길 수 있는 활동이 포함된다.

팜스테이의 주요 특징

- 농촌 체험: 농산물 수확, 농작물 재배 등 농사 관련 활동에 참여할 수 있다.
- 문화 및 생활 체험: 지역 주민과 함께 농촌 생활을 체험하고, 지역 축제에 참여하는 등 문화적 경험을 할 수 있다.
- 농촌 숙박: 농가에서 숙박하며 휴식을 취할 수 있다.
- 다양한 활동: 자연을 만끽하고, 명승지를 관광하며, 다양한 레포츠 프로그램을 즐기는 것도 가능하다.

팜스테이의 목적

- 도시민에게 농촌 체험 제공: 도시민에게는 잊고 있었던 농촌의 정취를 느끼게 해주고, 아이들에게는 특별한 추억을 선사한다.
- 농촌 활성화: 농촌과 농업, 문화를 융합한 관광 상품으로, 농촌 지역 활성화에 기여한다.

❖ **'K-집밥'의 세계화:** 최근 주목받는 '소셜 다이닝(Social Dining)' 플랫폼을 통해, 일반 가정이 외국인 관광객을 저녁 식사에 초대하는 프로그램은 매우 유망하다. 관광객은 현지인의 삶 속으로 깊숙이 들어가 음식과 문화를 배우고, 호스트 가정은 경제적 수익과 함께 문화 교류의 자부심을 얻을 수 있다. 이는 관광객을 한국 음식문화의 '홍보대사'로 만드는 효과적인 방법이다.

소셜 다이닝(Social Dining)이란?

소셜 다이닝은 관심사가 비슷한 사람들이 소셜 미디어를 통해 만나 함께 식사하며 인간관계를 맺는 활동을 말한다. '소셜(Social)'과 '다이닝(Dining)'이 결합된 용어로, 식사를 매개로 새로운 사람들을 만나고 정보를 공유하며 친분을 쌓는 방식이다. 이는 1인 가구 증가로 인한 '혼밥족' 증가와 같은 사회적 변화에 따라 주목받게 되었다.

- 정의: '사회적'이라는 뜻의 '소셜(Social)'과 '식사'를 뜻하는 '다이닝(Dining)'이 합쳐진 말로, 식사를 통해 사교 활동을 하는 것을 의미한다.
- 방식: 주로 인스타그램 등 소셜 미디어를 통해 같은 관심사를 가진 사람들이 모여 식사하고 대화하며 관계를 맺는다.

소셜 다이닝의 특징

- 식사뿐만 아니라 취미, 정보 등을 공유하며 관계를 형성한다.
- 고대 그리스의 '심포지온(Symposion, 고대 아테네에서 함께 술을 마시며 대화와 토론하는 자리를 일컬음)' 문화에서 유래된 것으로 보기도 한다.
- 최근 1인 가구 증가로 인해 혼자 식사하는 사람들이 늘면서, 함께 식사할 상대를 찾는 하나의 트렌드로 자리 잡았다.
- 예시: 서울시의 '건강한 밥상'처럼 1인 가구를 위해 함께 요리하고 식사하며 교류하는 프로그램도 소셜 다이닝의 한 형태이다.

다음 표는 면역력 증진을 위한 치유밥상의 주요 역할을 요약한 것이다.

구성 요소	면역 증진을 위한 주요 역할	대표 식재료 및 음식
통곡물류	장내 유익균 먹이(프리바이오틱스) 공급, 에너지원	현미, 보리, 귀리, 퀴노아를 섞은 잡곡밥
양질의 단백질	면역세포(항체, 백혈구)의 핵심 구성 성분	닭가슴살, 두부, 콩, 고등어, 연어, 계란
다채로운 채소·과일	항산화 작용, 비타민·미네랄 공급, 점막 보호	시금치, 파프리카, 브로콜리, 토마토, 블루베리
전통 발효식품	장내 유익균(프로바이오틱스) 직접 공급, 면역계 조절	된장, 김치, 청국장, 고추장, 간장
면역 지원 식품	항균·항염·항바이러스 효과	마늘, 생강, 양파, 버섯류(표고, 느타리), 해조류(미역, 톳)

(3) 한 그릇에 조화롭게 담긴 건강 만점 치유 일품식

치유 일품식(一品食)은 밥과 반찬을 따로 차리는 한식의 전통적인 상차림과 달리, 주식과 부식이 한 그릇 안에 조화롭게 담겨 완성되는 식사 형태를 말한다. 이는 '최소한의 수고로 최대한의 영양과 만족을 얻는다'는 현대 웰빙 트렌드와 정확히 부합하며, 바쁜 현대인과 여행객 모두에게 가장 현실적이고 매력적인 치유식의 유형으로 주목받고 있다. 치유 일품식은 단순히 여러 재료를 섞은 음식이 아니라, 한 그릇 안에서 완벽한 영양의 균형과 맛의 조화를 이루어내는 '치밀하게 계산된 미학의 산물'이다.

가) 치유 일품식의 특징과 철학

- **영양의 완결성:** 잘 구성된 치유 일품식은 그 자체로 하나의 '완전한 식사'이다. 에너지 공급원인 탄수화물, 신체 구성의 기본인 단백질, 대사 활동을 돕는 비타민과 무기질, 그리고 장 건강에 필수적인 식이섬유까지, 우리 몸이 필요로 하는 영양소들을 하나의 그릇에서 간편하게 섭취할 수 있다. 이는 여러 반찬을 고민해야 하는 번거로움 없이도 영양 균형을 손쉽게 맞출 수 있다는 큰 장점을 가진다.
- **조화의 미학:** 치유 일품식은 다양한 식재료가 각자의 개성을 뽐내면서도 서로 어우러져 맛과 식감, 색감의 조화를 이룬다. 부드러운 밥, 아삭한 채소, 쫄깃한 고기, 향긋한 나물이 한데 섞여 입안에서 다채로운 교향곡을 연주하는 것과 같다. 이러한 조화로움은 시각적인 아름다움과 함께, 먹는 이에게 풍성한 포만감과 심리적 만족감을 선사한다.
- **편리성과 효율성:** 조리 과정이 비교적 간단하고, 설거지 부담이 적으며, 시간과 장소에 크게 구애받지 않고 즐길 수 있다는 점은 치유 일품식의 큰 미덕이다. 이러한 편리성은 일상 속에서 치유식을 꾸준히 실천할 수 있게 하는 동력이 되며, 레스토랑이나 관광지에서도 효율적인 제공이 가능하게 한다.

나) 치유 일품식의 구성 원칙

- **기초**(The Base)**:** 요리의 기본 골격이자 주된 에너지 공급원이다. 백미보다는 현미, 흑미, 보리, 귀리 등 영양이 풍부한 통곡물이 주로 사용되며, 퀴노아나 메밀 같은 슈퍼푸드, 또는 파스타 면이 기초가 되기도 한다.
- **중심**(The Protein)**:** 요리의 정체성을 결정하고 포만감을 주는 핵심 재료이다. 쇠고기, 닭고기 등 육류, 연어, 참치 등 생선류, 또는 두부, 렌틸콩, 병아리콩 등 식물성 단백질이 사용된다.
- **다채로움**(The Colors)**:** 비타민, 무기질, 항산화 성분을 공급하는 다양한 채소와 과일

이다. 시금치, 당근, 파프리카, 오이, 버섯, 아보카도 등 최소 5가지 이상의 색상을 갖추는 것이 좋다.

✣ **화룡점정**(The Finisher): 요리의 풍미를 완성하고 소화를 돕는 요소이다. 고추장, 된장 등 전통 장류, 올리브유나 들기름을 활용한 드레싱, 그리고 음식의 맛을 돋우는 신선한 허브, 김 가루, 견과류 등이 여기에 해당한다.

다) 세계의 다양한 치유 일품식 사례

✣ **한국의 비빔밥과 덮밥:** 여러 가지 나물과 고기, 계란, 고추장을 함께 비벼 먹는 비빔밥은 오방색의 조화와 '섞임'의 철학이 담긴 대표적인 치유 일품식이다. 또한, 따뜻한 밥 위에 다양한 재료를 올려 먹는 덮밥 역시 간편하고 든든한 한 끼 식사로 사랑받는다.

✣ **서양의 샐러드 볼과 부다 볼:** 신선한 채소와 곡물, 단백질, 견과류, 드레싱을 함께 담아 먹는 샐러드 볼은 현대 웰니스 식단의 상징이다. 특히 부다 볼(Buddha Bowl)은 다양한 식물성 재료를 중심으로 풍성하게 구성하여 채식주의자들에게 인기가 높다.

✣ **하와이의 포케:** 깍둑썰기한 신선한 날생선(주로 참치)을 간장 소스 등에 버무려 밥 위에 채소와 함께 올려 먹는 하와이의 대표 음식으로, 오메가-3 등 건강한 지방과 단백질을 맛있게 섭취할 수 있다.

✣ **이탈리아의 리조또:** 쌀을 버터나 육수에 넣고 천천히 졸여 만드는 리조또는 소화가 잘 되어 회복기 환자나 노인, 어린이에게 좋으며, 버섯, 해산물, 채소 등 다양한 치유 식재료와 잘 어울린다.

라) 관광 자원으로서의 활용

✣ **지역 대표 '시그니처 메뉴' 개발:** 치유 일품식은 지역의 특산물을 활용하여 그 지역을 대표하는 '시그니처 메뉴'로 개발하기에 매우 용이하다. '전주비빔밥,' '통영 멍게비빔밥,' '강릉 곤드레밥' 등은 음식 자체가 강력한 관광 유인 요소가 된 성공적인 사례이다.

✣ **맞춤형 서비스 제공:** '나만의 샐러드 볼 만들기'처럼 관광객이 직접 기본 재료, 단백질, 토핑, 드레싱을 선택하게 하는 방식은 개인의 취향과 건강 상태를 고려한 맞춤형 서비스를 제공하며, 동시에 재미와 만족도를 높일 수 있다.

✣ **효율적인 관광 상품:** 단체 관광객이나 짧은 일정의 여행객에게 빠르고 간편하면서도 건강과 지역의 특색을 모두 담은 식사를 제공할 수 있어, 관광 상품 구성에 있어 매우 효율적이다.

다음 표는 치유 일품식의 주요 특징과 관광 활용 전략을 요약한 것이다.

유형	주요 특징	대표 음식	관광 활용 전략
전통 한식형	지역 특산물과 전통 장류 활용, 문화적 의미 강조	비빔밥, 덮밥, 곤드레밥, 국밥	지역 대표 음식 브랜드화, 향토음식 축제
현대 웰빙형	글로벌 트렌드 반영, 간편성과 심미성 중시	샐러드 볼, 부다 볼, 포케, 스무디 볼	웰니스 리조트, 도심 브런치 카페, 피트니스 연계
회복 지원형	소화 용이, 부드러운 식감, 영양 밀도 높음	죽, 수프, 리조또, 영양찜	병원 및 요양 시설, 건강검진 연계 관광, 치유 스테이

(4) 농·임·특·수산물을 활용하여 만드는 영양 가득한 치유 간식

간식(間食)은 흔히 과자, 사탕, 아이스크림 등 건강하지 않은 '길티 플레저(guilty pleasure)'로 인식되곤 한다. 그러나 치유음식의 관점에서 간식은 식사와 식사 사이의 허기를 달래고, 부족한 영양을 보충하며, 오후의 피로를 풀어주는 '현명하고 건강한 다리' 역할을 수행하는 중요한 식생활의 일부이다. 특히 지역의 밭과 산과 바다에서 나는 신선한 농·임·특·수산물을 활용한 '치유 간식'은, 단순한 건강식품을 넘어 그 지역의 자연과 문화를 오롯이 담아낸 매력적인 관광 콘텐츠로 재탄생할 수 있다.

길티 플레저(Guilty Pleasure)란?

'길티 플레저(guilty pleasure)'는 죄책감을 느끼지만 동시에 즐거움을 느끼는 심리 또는 행위를 뜻한다. 남에게 말하기는 부끄럽거나 사회적으로 덜 성숙하다고 여겨질 수 있지만, 개인에게는 큰 만족감을 주는 은밀한 취향이나 행위를 의미하기도 한다.

길티 플레저의 주요 특징

- 죄책감과 즐거움의 동시 발생: 사회적인 통념이나 자신의 양심에 어긋나는 것 같다는 생각(죄책감)과, 그것을 통해 느끼는 쾌락(즐거움)이 함께 존재한다.
- 은밀한 기쁨: 공개적으로 드러내기 쑥스럽거나 남들의 시선이 신경 쓰이는 취향이나 행동이다.
- 사회적 통념과의 괴리: 고급스럽고 성숙한 취향만을 좋게 보는 사회적 분위기 때문에, 상대적으로 저속하거나 유치하다고 여겨질 수 있는 것에서 즐거움을 느낄 때 주로 사용된다.

길티 플레저의 예시

- 건강에 좋지 않다는 것을 알면서도 패스트푸드를 즐겨 먹는 것.
- 평소와는 다른, 저급한 품질의 TV 시리즈나 영화를 몰아보는 것.
- 자신이 좋아하는 연예인의 가십 기사를 챙겨보는 것.

가) 치유 간식의 특징과 가치

✣ **건강한 편리성:** 치유 간식의 가장 큰 미덕은 건강과 편리성을 동시에 잡았다는 점이다. 휴대하기 좋은 작은 크기 안에 비타민, 무기질, 식이섬유, 건강한 지방 등 우리 몸에 유익한 영양소가 밀도 높게 응축되어 있다. 이는 관광객이 이동 중에도 손쉽게 에너지를 보충하고 건강을 챙길 수 있게 한다.

✣ **지역성의 발현:** 치유 간식은 지역의 정체성을 가장 잘 드러낼 수 있는 효과적인 매개체이다. 상주 곶감, 강화 인삼, 완도 김, 가평 잣 등 지역의 대표 특산물로 만든 간식은 다른 지역에서는 맛볼 수 없는 고유한 맛과 이야기를 지닌다. 이는 관광객에게 특별한 미식 경험을 선사하며, 그 지역을 기억하게 만드는 강력한 힘을 가진다.

✣ **지속가능성과 자원 활용:** 상품 규격에 맞지 않아 버려지는 '못난이' 농산물을 활용해 잼이나 칩을 만들거나, 수산물 가공 후 남은 부산물을 활용해 스낵을 개발하는 등, 치유 간식은 버려질 수 있는 자원에 새로운 가치를 부여하는 '푸드 업사이클링(Food Upcycling)'의 좋은 사례가 될 수 있다. 이는 지속가능한 관광의 가치를 실현하는 길이기도 하다.

나) 지역 자원의 무한한 변신: 재료별 활용 방안

- **밭에서 나는 농산물:** 땅의 기운을 담은 농산물은 가장 친숙한 치유 간식의 재료이다. 고구마나 감자를 찌거나 말려 만든 말랭이는 식이섬유와 비타민이 풍부한 건강 포만감 간식이다. 쌀을 튀기지 않고 구워 만든 누룽지 스낵, 설탕 대신 과일즙으로 단맛을 낸 현미 에너지바 등도 훌륭한 대안이다.
- **산에서 나는 임산물:** 숲의 정기를 품은 임산물은 고급스럽고 영양이 풍부한 간식으로 변신한다. 잣, 호두, 밤 등 견과류는 그 자체로 훌륭한 두뇌 건강 간식이며, 도토리를 가공해 만든 탱글탱글한 도토리묵은 칼로리가 낮고 중금속 배출에 도움을 주는 별미 간식이다.
- **그 땅의 특별함, 특산물:** 지역의 기후와 토양이 길러낸 특산물은 기능성이 강화된 치유 간식의 원천이다. 금산의 인삼, 풍기 홍삼을 절편이나 양갱, 에너지바로 만들면 면역력 강화에 좋은 프리미엄 간식이 된다. 보성의 녹차, 문경의 오미자, 제주의 도라지 등은 향긋한 차(茶)나 건강 음료로 개발되어 여행의 피로를 풀어준다.
- **바다의 선물, 수산물:** 미네랄의 보고인 수산물은 짭짤하고 독특한 풍미의 치유 간식으로 활용된다. 김이나 미역, 다시마를 기름 없이 구워 만든 해조류 스낵은 칼로리 걱정 없이 미네랄을 보충할 수 있다. 멸치나 새우를 볶거나 말린 스낵, 저염으로 가공한 어묵바 등도 훌륭한 단백질 간식이다.

다) 관광과의 연계: '건강한 기념품'에서 '즐거운 체험'으로

치유 간식은 관광객의 소비 심리와 체험 욕구를 동시에 만족시키는 강력한 관광 콘텐츠이다.

- **'건강을 선물하는' 기념품:** 여행을 마치고 돌아갈 때, 관광객들은 가족과 친구들을 위한 선물을 고민한다. 이때 그 지역의 특색이 담긴 건강 간식은 '당신의 건강까지 생각한다'는 따뜻한 마음을 전하는 최고의 기념품이 될 수 있다. 아름다운 포장과 스토리텔링이 더해진다면 그 가치는 더욱 높아진다.
- **'오감으로 즐기는' 체험 프로그램:** 치유 간식은 직접 만들어보는 체험 프로그램으로

발전할 수 있다. '이천 쌀강정 만들기,' '제주 감귤 과즐 만들기,' '남해 멸치 볶기 체험' 등은 아이부터 어른까지 모두가 즐겁게 참여할 수 있는 에듀테인먼트 콘텐츠이다. 이는 단순한 제품 판매를 넘어, 지역과 관광객 간의 유대감을 형성하고 재방문을 유도하는 효과적인 방법이다.

다음 표는 농·임·특·수산물을 활용하여 만든 치유 간식을 요약한 것이다.

구분	주요 재료	대표 간식	관광 활용 전략
농산물	고구마, 감, 사과, 쌀	고구마 말랭이, 곶감, 사과칩, 누룽지 스낵	농촌 체험 마을 연계, '못난이 농산물' 활용 상품 개발
임산물	잣, 호두, 밤, 도토리	견과류 믹스, 맛밤, 도토리묵 무침	산림 치유 프로그램, 임산물 채취 체험, 숲속 찻집
특산물	인삼, 홍삼, 오미자, 녹차	홍삼 양갱, 오미자차, 녹차 아이스크림	지역 특산물 축제, 건강 테마 기념품 샵, 한방 카페
수산물	김, 미역, 멸치, 어묵	해조류 부각, 멸치 견과류 볶음, 고급 어묵바	어촌 체험 마을 연계, 수산물 시장 투어, 로컬 마켓

(5) 특정 질환 치료를 위한 식이요법

특정 질환 관리를 위한 식이요법은 치유음식의 유형 중 가장 전문적이고 임상적인 영역에 해당한다. 이는 개인의 취향이나 일반적인 건강 증진을 넘어, 명확한 의학적 근거를 바탕으로 특정 질병의 진행을 억제하고, 증상을 완화하며, 치료 효과를 높이는 것을 목표로 하는 '정밀 영양(Precision Nutrition)'의 한 형태이다. 따라서 이 유형의 치유음식은 반드시 의사, 임상영양사 등 전문가의 진단과 관리 감독하에 이루어져야 하며, 현대 의학적 치료를 보완하고 지지하는 핵심적인 보조 요법으로서 기능한다.

가) 질환 관리 식이요법의 핵심 원칙

- **과학적 근거 기반:** 식이요법은 '~에 좋더라'는 식의 민간요법이 아니라, 수많은 임상 연구를 통해 그 효과와 안전성이 입증된 과학적인 방법론에 기초한다. 각 영양소가 인체 내에서 어떻게 대사되고 질병의 기전에 어떤 영향을 미치는지에 대한 명확

한 이해를 바탕으로 식단이 구성된다.

❖ **철저한 개인화:** 같은 질병이라도 환자의 나이, 성별, 합병증 유무, 신체 계측 정보, 유전적 특성, 약물 복용 상태에 따라 요구되는 영양 처방은 완전히 달라진다. 식이요법은 이러한 개인별 특성을 모두 고려하여 설계되는 궁극의 '맞춤형 식단'이다.

❖ **치료와의 시너지:** 식이요법은 약물치료를 대체하는 것이 아니라, 약물의 효과를 높이고 부작용을 줄이는 시너지 효과를 창출한다. 예를 들어, 당뇨 환자의 식이요법은 혈당 변동 폭을 줄여 인슐린의 요구량을 감소시킬 수 있으며, 항암 치료 중인 환자의 단백질 보충 식단은 치료로 인한 체력 저하와 근육 감소를 막아 치료를 끝까지 받을 수 있도록 돕는다.

나) 주요 만성질환별 식이요법의 실제

❖ **당뇨병**(목표: 안정적인 혈당 유지)**:** 혈당을 급격히 올리는 정제 탄수화물과 단순당을 엄격히 제한하고, 혈당을 천천히 올리는 통곡물, 채소, 콩류 위주로 식단을 구성한다. 규칙적인 시간에 균형 잡힌 식사를 하여 혈당이 롤러코스터처럼 변동하는 것을 막는 것이 핵심이다.

❖ **고혈압**(목표: 혈압 강하 및 유지)**:** 세계적으로 효과가 입증된 DASH(Dietary Approaches to Stop Hypertension) 식단이 대표적이다. 이는 혈압을 높이는 나트륨 섭취를 줄이는 동시에, 나트륨 배출을 돕는 칼륨(채소, 과일), 혈관 이완을 돕는 마그네슘(견과류, 통곡물) 섭취를 적극적으로 늘리는 것을 원칙으로 한다.

❖ **심혈관 질환**(목표: 혈중 지질 개선 및 혈관 염증 억제)**:** 혈관에 나쁜 영향을 주는 포화지방과 트랜스지방 섭취를 최소화하고, 혈중 중성지방과 콜레스테롤 수치를 개선하는 오메가-3 등 불포화지방산(등푸른 생선, 올리브유, 견과류)의 섭취를 늘린다. 또한, 항산화 물질이 풍부한 채소와 과일은 혈관의 염증과 손상을 막는다.

❖ **만성 신부전**(목표: 신장 기능 보호)**:** 신장의 부담을 덜어주기 위해 단백질, 나트륨, 칼륨, 인(P)의 섭취를 환자의 상태에 따라 정밀하게 제한하는 것이 매우 중요하다. 전문가의 엄격한 관리가 필수적이다.

❖ **암**(목표: 치료 효과 증진 및 회복 지원)**:** 암 자체보다는 항암치료 과정에서 발생하는 영

양 문제가 더 큰 경우가 많다. 따라서 치료 부작용(식욕부진, 구내염, 설사 등)을 완화하고, 체중과 근육 감소를 막기 위한 고단백, 고열량의 영양 밀도 높은 식단이 요구된다. 소화하기 쉬운 형태로, 소량씩 자주 섭취하는 것이 효과적이다.

다) 의료 · 웰니스 관광과의 융복합 모델

질환 관리 식이요법은 고부가가치 산업인 의료관광(Medical Tourism) 및 웰니스 관광과 결합하여 매우 유망한 시장을 형성할 수 있다.

- **'치유형 웰니스 리트리트(Wellness Retreat)' 모델:** 특정 질환(예: 당뇨, 아토피)을 가진 관광객을 대상으로, 1~2주간 특정 시설에 머물며 전문가(의사, 영양사, 운동처방사, 셰프)의 통합적인 관리를 받는 프로그램이다. 관광객은 개인별 맞춤 식이요법 식사를 제공받는 동시에, 해당 음식을 직접 만들고 배우는 쿠킹클래스, 질병과 영양에 대한 교육 세미나, 그리고 명상, 스파 등 보완적인 웰니스 활동에 참여한다.
- **지역 자원과의 연계:** 지역의 특화된 자원을 활용하여 차별화된 프로그램을 개발할 수 있다. 예를 들어, 청정 해역을 낀 지역에서는 해조류와 해산물을 활용한 '심혈관 건강 증진 캠프'를, 인삼이나 약초가 유명한 지역에서는 이를 활용한 '면역력 강화 리트리트'를 운영할 수 있다.
- **'삶을 바꾸는 경험' 제공:** 이러한 관광의 핵심 가치는 '지식과 기술의 전수'에 있다. 관광객은 단순히 잘 차려진 건강식을 먹고 가는 것을 넘어, 자신의 질병을 관리하는 구체적인 식단 원리와 조리법을 배워 일상으로 돌아간다. 이는 일시적인 휴식을 넘어, 장기적인 삶의 질을 바꾸는 전환점이 되며, 관광객에게 깊은 감동과 높은 충성도를 형성한다.

다음 표는 주요 만성질환별 식이요법 원리와 관광 활용 모델을 요약한 것이다.

질환	식이요법 핵심 원리	대표 식재료	관광 활용 모델 예시
당뇨병	안정적 혈당 조절, 인슐린 저항성 개선	통곡물, 콩류, 잎채소, 저당 과일	'혈당 관리 쿠킹클래스'를 포함한 당뇨 웰니스 캠프
고혈압	저나트륨, 고칼륨/마그네슘 식단	채소, 과일, 저지방 유제품, 견과류	DASH 식단 기반 '저염식 힐링 스테이' 프로그램

심혈관 질환	오메가-3 및 불포화지방산 섭취, 항염/항산화	등푸른 생선, 올리브유, 견과류, 토마토	제주 해산물 활용 '혈관 건강 리트리트'
위장 질환	저자극, 소화 용이, 장내 환경 개선	흰살 생선, 두부, 양배추, 발효유	사찰음식 원리를 적용한 '속 편한 위(胃) 휴식' 템플스테이
암 회복기	고단백/고영양, 면역력 지원, 부작용 완화	소화 잘되는 단백질(계란, 닭죽), 항산화 채소	전문 영양사가 동행하는 '면역력 강화 푸드 테라피' 투어

4. 치유음식관광문화의 지역경제 활성화 효과

치유음식관광문화는 개인의 건강과 웰빙을 증진시키는 차원을 넘어, 인구 감소와 고령화로 인해 활력을 잃어가는 지역사회에 새로운 희망을 제시하는 강력한 경제적 대안이 될 수 있다. 이는 외부의 대규모 자본 투자에 의존하는 개발 방식과 달리, 지역이 본래 가지고 있는 고유한 자산(자연, 문화, 사람)을 기반으로 내부에서부터 성장 동력을 만들어내는 '내생적 발전 모델'의 핵심이다. 치유음식관광은 1차 산업(생산), 2차 산업(가공), 3차 산업(서비스·관광)을 유기적으로 엮어 시너지를 창출하는 '6차 산업'의 가장 대표적인 성공 사례로서, 지역경제에 다층적인 파급 효과를 미친다.

1) 1차 산업의 체질 개선: '가격 경쟁'에서 '가치 경쟁'으로

치유음식관광은 지역의 농·임·수산업의 근본적인 체질을 개선하는 효과를 가진다. 기존의 농어촌이 값싼 수입 농산물과의 가격 경쟁에서 어려움을 겪었다면, 치유음식관광은 지역 농산물에 '건강,' '안전,' '이야기'라는 새로운 가치를 부여하여 고부가가치 상품으로 재탄생시킨다.

- **고부가가치 농업 육성:** 건강에 관한 관심이 높은 관광객들은 친환경, 유기농으로 재배된 고품질 식재료에 기꺼이 더 높은 가격을 지불한다. 이는 농가 소득 증대로 직결되며, 대량생산 위주의 농업에서 다품종 소량생산, 토종 씨앗 보존 등 지속가능한 생태 농업으로 전환할 수 있는 경제적 기반을 마련해준다.
- **안정적인 직거래 판로 확보:** 관광객이 농가를 직접 방문하여 식재료를 구매하거나, 치유음식 체험 프로그램에 참여하는 과정에서 생산자와 소비자 간의 신뢰 관계가 형성된다. 이는 여행이 끝난 후에도 온라인 직거래 등으로 이어져 안정적인 판로를

확보하는 데 기여한다.

2) 2차 산업의 활성화: '원물'을 '명품'으로 만드는 부가가치 창출

치유음식관광은 지역에서 생산된 원물을 가공하여 새로운 부가가치를 창출하는 2차 산업의 활성화를 이끈다. 이는 단순 가공을 넘어, 지역의 특색과 문화를 담은 명품 브랜드 상품 개발로 이어진다.

- **가공 상품의 다양화 및 고급화:** 밭에서 갓 캔 고구마(1차 산업)는 '고구마 말랭이'나 '고구마 칩'(2차 산업)으로 가공되어 관광객의 손에 들리는 건강 간식이 된다. 또한, 지역의 약초나 과일은 효소, 식초, 전통주, 수제 잼 등으로 개발되어 높은 부가가치를 지닌 관광 기념품으로 판매된다.
- **'체험'과 연계한 상품 판매:** '전통 고추장 만들기 체험' 후 자신이 직접 만든 고추장을 구매하게 하거나, '사과 와이너리 투어' 후 그곳에서 생산된 사과 와인을 시음하고 구매하게 하는 등, 체험과 상품 판매를 연계하면 소비자의 구매 욕구를 극대화하고 상품에 특별한 의미를 부여할 수 있다.

3) 3차 산업의 확장: 양질의 일자리 창출과 지역 공동체 강화

치유음식관광은 레스토랑, 숙박, 운송 등 기존의 관광 서비스업을 넘어, 특화된 전문 인력을 필요로 하는 새로운 서비스 영역을 창출하며 양질의 일자리를 만들어낸다.

- **새로운 전문 직종의 등장:** 지역의 식재료와 음식문화를 해설하는 '푸드 스토리텔러,' 치유음식 체험 프로그램을 기획하고 진행하는 '체험 강사,' 건강 식단을 전문적으로 조리하는 '웰니스 셰프' 등 새로운 직업이 생겨난다.
- **지역 주민의 경제활동 참여 증대:** 특히 전통 음식 조리법 등 고유한 기술을 보유한 지역의 여성이나 고령층이 체험 프로그램의 강사나 조리사로 활동하며 경제적 자립을 이루고 사회적 역할과 자부심을 되찾게 하는 효과가 크다. 이는 단순한 일자리 창출을 넘어, 지역 공동체의 통합과 세대 간의 화합에 기여한다.

✣ **청년 인구 유입 효과:** 치유음식관광을 기반으로 한 감각적인 카페, 레스토랑, 게스트하우스, 소셜 벤처 등 청년들의 창업이 활성화되면서, 수도권으로 떠났던 청년들이 지역으로 돌아오거나 새롭게 정착하는 계기를 마련해준다.

4) 지역 브랜드 가치의 제고: '치유'라는 강력한 무형자산 구축

궁극적으로 치유음식관광은 '건강,' '자연,' '느림,' '진정성'이라는 긍정적 이미지를 통해 지역 전체의 브랜드 가치를 높이는 무형의 자산을 구축한다.

✣ **차별화된 도시 이미지 형성:** 수많은 관광지 속에서 '치유'라는 테마는 다른 지역이 쉽게 모방할 수 없는 독특하고 강력한 정체성을 부여한다. '대한민국 웰니스 관광 1번지, 제주,' '슬로시티 완도' 등은 음식을 매개로 건강과 치유의 이미지를 성공적으로 구축한 사례이다.

✣ **자발적인 바이럴 마케팅 효과:** 특색 있는 치유음식과 아름다운 자연 속에서의 힐링 경험은 인스타그램, 유튜브 등 소셜미디어(SNS)를 통해 자발적으로 공유되고 확산될 가능성이 매우 높다. 이는 막대한 비용을 들인 광고보다 훨씬 효과적으로 지역을 홍보하고 잠재적 관광객의 방문을 유도한다.

다음 표는 치유음식관광문화의 경제적 효과를 요약한 것이다.

산업 구분	주요 경제적 효과	구체적 사례
1차 산업	농 · 임 · 수산물의 고부가가치화 및 소득 증대	친환경 농산물 계약재배, 토종 씨앗 보존, 로컬푸드 직매장 활성화
2차 산업	가공품 개발을 통한 부가가치 창출	지역 특산물 활용 건강 간식, 발효식품, HMR(가정간편식) 개발
3차 산업	특화된 관광 서비스 개발 및 일자리 창출	치유음식 테마 레스토랑, 쿠킹클래스, 팜스테이, 푸드 투어 가이드
사회 · 문화적 효과	지역 공동체 활성화 및 브랜드 가치 상승	여성 · 고령층 경제활동 참여, 청년 창업, '치유의 도시' 이미지 구축

2장

THE THEORY OF HEALING FOOD AND TOURISM

관광과 음식문화

1. 지역 및 문화별 다양한 치유음식 소개

치유음식은 특정 국가나 문화권의 전유물이 아니라, 인류가 각자의 터전에서 자연과 상호작용하며 만들어낸 보편적인 지혜의 산물이다. 세계 각지의 사람들은 주어진 자연환경 속에서 고유한 식재료를 발견하고, 그들의 철학과 생활양식을 담아 독창적인 조리법을 발전시켜 왔다. 이는 '어디서 무엇을 먹는가'가 곧 그 사람의 건강과 정체성을 결정한다는 사실을 보여준다. 이 장에서는 세계 각 지역을 대표하는 치유음식의 다채로운 스펙트럼을 살펴보고, 그 안에 담긴 치유의 원리와 문화적 가치를 탐구하고자 한다.

1) 아시아 지역: 조화, 균형, 발효의 미학

아시아의 치유음식은 자연의 순리에 순응하고, 음식과 약의 근원은 같다는 '약식동원(藥食同源)' 사상을 바탕으로 발달했다. 특히 음양의 조화와 발효 과학이 돋보인다.

- **한국:** 한국의 치유음식은 '발효'와 '보양'으로 요약된다. 김치, 된장, 고추장 등 발효음식은 음식의 저장성을 높일 뿐만 아니라, 발효 과정에서 생성되는 유익균과 효소를 통해 장 건강을 증진시키고 면역력을 강화한다. 한편, 삼계탕이나 추어탕 같은 보양식은 계절의 변화에 따라 허해진 기운을 보충하고 몸의 균형을 맞추려는 조상들의 지혜가 담겨 있다. 여기에 불교의 자비심과 수행 정신이 깃든 사찰음식은 채식을 통해 마음까지 다스리는 정신적 치유의 영역을 보여준다.
- **일본:** 일본의 전통 식단인 '와쇼쿠(和食)'는 '일즙삼채(一汁三菜; 밥, 국, 3가지 반찬)'를 기본으로 하는 균형 잡힌 상차림이 특징이다. 이는 자연스럽게 소식과 영양의 균형을 유도한다. 또한, 콩을 발효시킨 된장(미소)과 낫토는 일본인의 장수 비결로 꼽히며, 다시마나 가쓰오부시로 맛을 낸 국물은 감칠맛[우마이(うまい, 맛있다)와 '미(味,

맛)'를 합쳐 만들어진 신조어)을 통해 염분 섭취를 줄이면서도 깊은 풍미를 낸다.

- **중국:** 광활한 영토만큼이나 다채로운 약선(藥膳) 요리가 발달했다. 이는 단순히 몸에 좋은 약재를 넣는 것을 넘어, 중의학의 음양오행설에 기초하여 개인의 체질과 계절, 건강 상태에 따라 식재료와 약재를 정교하게 배합하는 맞춤형 건강식이다. 더운 여름에는 몸의 열을 내리는 동과(冬瓜)를, 추운 겨울에는 몸을 따뜻하게 하는 생강과 대추를 사용하는 것이 그 예이다.
- **인도:** 수천 년의 역사를 지닌 인도의 전통 의학 '아유르베다'는 음식이야말로 가장 중요한 약이라고 가르친다. 개인의 체질(Dosha)을 진단하고 그에 맞는 곡물, 채소, 향신료를 배합하여 몸의 균형을 맞추는 것을 중시한다. 특히 강황, 쿠민, 고수 등 다양한 향신료의 조합은 강력한 항염, 항산화, 소화 촉진 효과를 지닌다.

아유르베다(Ayurveda)란?

아유르베다는 '삶의 과학'을 뜻하는 인도의 전통 의학 체계이자 건강관리 체계이다. 개인의 신체와 정신의 불균형에서 질병이 발생한다고 보며, 식이요법, 약초, 요가, 명상, 마사지 등을 포함한 다양한 치료법을 통해 몸과 자연의 조화를 회복하는 것을 목표로 한다.

아유르베다의 주요 특징

- 몸과 마음의 조화: 아유르베다는 몸과 마음을 분리하지 않고 하나로 본다. 질병의 원인을 개인의 내적·외적 불균형으로 보며, 이 균형을 되찾는 데 중점을 둔다.
- 전통적 지식 체계: 가장 오래된 치료 방식 중 하나로, 고대 베다 경전에 기반을 두고 있다.
- 다양한 치료법: 질병 치료를 위해 다양한 방법을 활용한다.
  - 식이요법: 음식을 통해 몸의 균형을 맞춘다.
  - 약초: 허브를 이용해 치료 효과를 얻는다.
  - 요가 및 명상: 심신 수련을 통해 건강을 유지한다.
  - 마사지: 혈액 순환을 개선하고 신체의 흐름을 원활하게 한다.
  - 정화 치료(디톡스): 관장, 비강 세척 등 신체 내외부 정화 과정을 포함한다.

도샤란?

도샤(dosha)는 인도 전통 의학인 아유르베다에서 몸과 마음의 근본적인 생리적 원리를 뜻하는 용어이다. 이는 사람의 체질을 나타내며, 건강 상태를 파악하는 중요한 개념이다. 도샤는 세 가지로 나뉘며, 각각 바타(바람/공기), 피타(불), 카파(물 / 흙)이다.

- 개인의 체질: 타고나는 도샤의 비율이 개인의 고유 체질을 결정한다.
- 건강 상태: 현재 건강 상태를 진단하는 도구로 사용된다.

세 가지 도샤

- 바타(Vata): 바람과 공기의 에너지로, 움직임, 활동, 호기심과 관련이 있다.
- 피타(Pitta): 불의 에너지로, 대사, 소화, 변환과 관련이 있다.
- 카파(Kapha): 물과 흙의 에너지로, 구조, 안정, 안정성 및 윤활과 관련이 있다.
- 건강관리: 각 도샤의 균형을 유지하는 것이 건강한 삶을 위한 핵심이며, 이를 위해 특정 음식, 활동, 생활 습관 등이 추천된다.

2) 유럽 지역: 신선한 자연의 맛과 허브의 지혜

유럽의 치유음식은 지중해의 풍요로운 자연과 북유럽의 척박한 환경을 극복하려는 지혜 속에서 각기 다른 특색으로 발달했다.

❖ **지중해권:** 세계보건기구(WHO)가 인정한 가장 건강한 식단 중 하나로, 신선한 채소와 과일, 통곡물, 콩류, 그리고 올리브유가 식단의 중심을 이룬다. 특히 엑스트라 버진 올리브유에 풍부한 폴리페놀과 단일불포화지방산, 등푸른 생선의 오메가-3는 심혈관 질환 예방에 탁월한 효과를 보인다. 이는 특정 음식이 아닌, 식재료 본연의 맛을 살리는 조리법과 가족, 친구와 함께 천천히 식사를 즐기는 생활 문화가 어우러진 결과물이다.

❖ **중·북유럽:** 길고 추운 겨울을 나기 위한 저장 음식 문화에서 건강의 지혜를 찾을 수 있다. 양배추를 발효시킨 독일의 사워크라우트, 우유를 발효시킨 동유럽의 케피어와 북유럽의 스키르(skyr) 등은 장 건강에 유익한 프로바이오틱스가 풍부하다. 또한 짧은 여름 동안 집중적으로 자라는 블루베리, 라즈베리 등 베리류는 강력한 항산화 성분을 다량 함유하고 있다.

3) 아메리카 지역: 고대 문명의 슈퍼푸드와 현대 웰니스 운동

아메리카 대륙의 치유음식은 고대 원주민의 지혜가 담긴 '슈퍼푸드'와 현대 도시 문화가 만들어낸 '웰니스 운동'이라는 두 가지 흐름으로 나타난다.

- ✣ **남아메리카:** 안데스 산맥의 잉카 문명이 '모든 곡물의 어머니'라 불렀던 퀴노아, 아즈텍 전사들의 식량이었던 치아시드, 아마존의 보라색 보석 아사이베리 등은 현대에 와서야 그 영양학적 가치가 재조명된 고대의 슈퍼푸드들이다. 이들은 단백질, 미네랄, 필수지방산, 항산화 물질이 풍부하여 '자연의 종합 영양제'라 불린다.
- ✣ **북아메리카:** 산업화된 식품 시스템에 대한 반성으로 시작된 유기농, 로컬푸드, 팜투테이블(Farm-to-table) 운동이 활발하다. 특히 캘리포니아를 중심으로 한 웰니스 문화는 케일, 시금치 등 녹색 채소를 갈아 마시는 그린 스무디, 귀리를 하룻밤 불려 만드는 오버나이트 오트밀 등 바쁜 현대 생활 속에서 건강을 챙기려는 노력의 산물이다.

4) 중동 및 아프리카: 향신료, 콩, 그리고 고대 곡물의 향연

- ✣ **중동:** 병아리콩을 으깨 만든 후무스, 렌틸콩으로 만든 수프, 파슬리를 잘게 다져 만든 타불레 등 콩류와 신선한 채소를 중심으로 한 식단이 발달했다. 여기에 올리브유와 강황, 쿠민, 샤프란 등 항염 효과가 뛰어난 향신료를 적극적으로 사용하는 것이 특징이다.
- ✣ **아프리카:** 인류의 발상지인 아프리카는 아직 잘 알려지지 않은 건강한 식재료와 조리법의 보고이다. 글루텐이 없는 고대 곡물인 테프(Teff)로 만든 에티오피아의 발효빵 '인제라,' 서아프리카의 토마토 기반 스튜 '졸로프 라이스' 등은 채소와 향신료가 풍부한 건강식이다. 모로코의 '타진'은 저수분 요리법으로 식재료의 영양 손실을 최소화하는 지혜를 보여준다.

다음 표는 지역 및 문화별 치유음식의 사례를 요약한 것이다.

지역	대표 치유음식/식단	핵심적인 치유 원리 및 효능
한국	김치, 된장, 삼계탕, 사찰음식	발효를 통한 장 건강 증진, 기력 보충, 심신 안정
일본	와쇼쿠(일즙삼채), 낫토, 녹차	영양 균형과 절제, 항산화, 혈행 개선
중국	약선 요리	개인별 체질과 계절에 맞춘 정밀한 건강관리
인도	아유르베다 식단, 커리	향신료를 활용한 항염 및 소화 촉진, 체질별 균형
지중해	지중해식 식단	심혈관 질환 예방, 항산화, 신선한 자연의 맛
북유럽	호밀빵, 발효유(케피어), 베리류	풍부한 식이섬유, 장 건강, 강력한 항산화 효과
남아메리카	퀴노아, 아사이베리, 치아시드	고단백, 필수 아미노산 및 미네랄 보충, 활력 증진
북아메리카	그린 스무디, 유기농 샐러드	비타민/미네랄의 집중 섭취, 디톡스, 체중 관리
중동	후무스, 렌틸콩 수프, 타불레	풍부한 식물성 단백질, 건강한 지방, 항염 효과
아프리카	인제라와 채소 스튜, 타진	고대 곡물의 영양, 풍부한 식이섬유, 저수분 영양 보존

2. 음식과 관광의 연관성과 영향

여행이 한 권의 책이라면, 음식은 그중 가장 생생하고 감각적인 챕터에 해당한다. 과거의 관광이 주로 유적지나 자연경관을 '보는' 것에 집중했다면, 현대의 관광객은 현지의 삶 속으로 들어가 '경험하는' 것을 추구한다. 이러한 패러다임의 전환 속에서, 음식은 여행의 부수적인 요소에서 벗어나, 여행의 동기를 부여하고 경험의 질을 결정하며, 나아가 지역의 정체성을 대표하는 '주연'의 역할로 부상하고 있다. 특히 건강과 웰빙이라는 가치를 담은 치유음식은, 관광객의 가장 근본적인 욕구를 충족시키며 관광 산업 전반에 깊고 다층적인 영향을 미친다.

1) 관광 동기로서의 음식: '맛'을 찾아 떠나는 여행

음식은 그 자체로 강력한 '끌림 요인(Pull Factor)'이 되어 사람들을 여행으로 이끈다. 특정 음식을 맛보거나, 음식과 관련된 특별한 경험을 하기 위해 기꺼이 시간과 비용을 투자하는 '음식 관광(Culinary Tourism)'은 전 세계적으로 가장 빠르게 성장하는 관광의 한 분야이다.

- **목적지 선택의 결정적 요인:** 미쉐린 가이드에 등재된 레스토랑, CNN이 선정한 길거리 음식, 혹은 특정 지역에서만 열리는 음식 축제 등은 때로 그 어떤 유명 건축물보다 강력한 관광 동기가 된다. '이탈리아에 가서 진짜 파스타를 먹어보자,' '일본 교토에서 사찰음식을 체험해보자'와 같은 생각은 여행 계획의 시작점이 된다.
- **'치유'라는 새로운 여행 테마:** 여기에 '치유'라는 가치가 더해지면 그 매력은 더욱 커진다. 과도한 스트레스와 불규칙한 생활에 지친 현대인들은 단순한 미식 경험을 넘어, 건강한 음식을 통해 몸과 마음을 재충전하는 '회복의 여정'을 갈망한다. 이는 건

강과 삶의 질에 관한 관심이 높고 구매력이 큰 관광객층을 유인하는 강력한 무기가 된다.

2) 관광 경험의 심화: 오감으로 문화를 체험하는 매개

음식은 관광객이 방문지의 문화를 가장 깊고 직접적으로 체험하게 하는 '다감각적 통로'이다. 눈으로 보고, 코로 냄새 맡고, 귀로 소리를 듣고, 손으로 만지고, 혀로 맛보는 과정 전체가 하나의 통합된 문화 체험이 된다.

- **기능적 가치와 정서적 가치의 동시 충족:** 잘 차려진 치유음식은 낯선 곳에서의 여정으로 지친 여행객의 신체적 피로를 풀어주고 활력을 불어넣는 '기능적 가치'를 제공한다. 동시에, 정성스럽게 만든 따뜻한 음식은 여행지에서 느낄 수 있는 긴장과 불안을 완화하고, '보살핌받고 있다'는 정서적 안정감을 주어 여행의 만족도를 극대화한다. 이는 단순한 식사를 넘어, 그 자체가 하나의 완전한 '치유 프로그램'으로 작동하는 것이다.

3) 지역 경제의 엔진: '승수 효과'를 통한 선순환 구조

관광객의 음식 소비는 지역 경제에 가장 직접적이고 광범위한 영향을 미친다. 특히 지역 식재료를 기반으로 하는 치유음식관광은 경제적 이익이 외부로 유출되는 '누수 효과(Leakage Effect)'를 최소화하고, 지역 내에서 부가 계속 순환하는 '승수 효과(Multiplier Effect)'를 극대화한다.

- **지역 내 산업 연계 강화:** 관광객이 치유음식 레스토랑에서 1인분의 식사를 주문하면, 그 돈은 식당 주인에게만 가는 것이 아니다. 식당은 지역 농부에게서 채소를, 어부에게서 생선을, 양조장에서 전통주를 구매한다. 농부와 어부는 다시 지역 상점에서 필요한 물품을 구매한다. 이처럼 관광객의 지출은 꼬리에 꼬리를 물고 지역 내의 1차, 2차, 3차 산업 전반으로 퍼져나가며 경제 전체에 활력을 불어넣는다.

4) 문화 교류의 다리: 정체성 강화와 상호 이해 증진

음식은 국경과 언어를 넘어 모든 사람이 공감할 수 있는 '만국의 공용어'이다. 함께 음식을 나누는 행위는 문화적 장벽을 허물고 인간적인 유대를 형성하는 가장 효과적인 방법이다.

- **살아있는 역사 교과서:** 한 그릇의 음식에는 그 지역의 지리(산나물 대 해산물), 역사(전쟁과 가난 속에서 태어난 음식), 교역(향신료의 전래), 사회상(신분과 계급에 따른 음식)이 모두 담겨 있다. 현지 음식을 맛보는 것은 그 지역의 역사를 몸으로 읽는 것과 같다.
- **지역의 자부심 고취와 문화 전승:** 세계화의 물결 속에서 획일화되기 쉬운 현대 사회에서, 고유한 음식 문화는 지역의 정체성을 지키는 가장 강력한 보루이다. 우리의 음식이 관광객에게 인정받고 사랑받는 경험은 지역 주민들에게 자신들의 문화에 대한 자부심을 심어주며, 이를 다음 세대에 적극적으로 전수하려는 동기를 부여한다.

다음 표는 음식과 관광의 상호 영향을 요약한 것이다.

연관성	음식과 관광의 상호 영향	대표적인 사례
관광 동기 형성	특정 음식 경험이 여행의 주목적이 됨. 고부가가치 웰니스 시장 형성.	스페인의 타파스 순례, 태국의 쿠킹클래스 참여 목적의 여행
관광 경험 심화	오감을 통한 다층적 문화 체험 제공. 신체적・정서적 만족도 극대화.	이탈리아 슬로푸드 투어, 페루의 안데스 식재료 미식 체험
경제적 효과	'승수 효과'를 통한 지역 경제 파급. 1, 2, 3차 산업 연계 강화.	프랑스 와이너리 투어, 대만 야시장의 지역경제 기여
문화 교류	지역 정체성 강화 및 문화적 자부심 고취. 보편적 가치를 통한 상호 이해.	유네스코 인류무형문화유산에 등재된 세계의 음식 문화 체험

3. 음식을 통한 문화 체험과 관광목적지 선택

현대의 관광객은 더 이상 수동적인 관람객이기를 거부한다. 그들은 여행지의 풍경을 눈으로만 담는 것을 넘어, 그곳의 삶 속으로 깊숙이 들어가 온몸으로 문화를 느끼고 싶어 한다. 이러한 '체험'에 대한 갈망 속에서, 음식은 관광객이 새로운 문화를 가장 직접적이고, 감각적이며, 총체적으로 경험하게 하는 핵심적인 매개체로 기능한다. 특히 '건강'과 '치유'라는 보편적 가치를 담은 치유음식은, 낯선 문화에 대한 심리적 장벽을 낮추고 깊은 공감대를 형성하게 함으로써, 관광객의 목적지 선택에 결정적인 영향을 미치는 전략적 요소로 부상하고 있다.

1) 음식을 통한 문화 체험의 깊이와 의미

음식을 통한 문화 체험은 박물관 관람이나 책을 통한 학습과는 근본적으로 다른 차원의 경험을 제공한다. 그것은 머리로 이해하는 지식을 넘어, 몸으로 체득하는 '체화된 지식(Embodied Knowledge)'의 과정이다.

- **오감을 통한 총체적 경험:** 음식은 우리가 오감을 모두 동원하여 즐기는 거의 유일한 문화 콘텐츠이다. 음식의 화려한 색감(시각), 향긋한 향신료의 냄새(후각), 지글거리는 소리(청각), 따뜻한 그릇의 감촉(촉각), 그리고 혀끝에서 펼쳐지는 맛의 향연(미각)은 분리되지 않고 하나의 통합된 경험으로 뇌리에 각인된다. 이는 단편적인 시각 정보보다 훨씬 더 깊고 오래가는 기억을 남긴다.
- **문화를 '읽는' 행위로서의 식사:** 모든 음식은 그 자체로 한 편의 '문화 텍스트'이다. 우리는 한 그릇의 음식을 통해 그 지역의 자연환경(어떤 재료가 나는가), 역사(가난을 극복하기 위해 만들어진 음식인가), 가치관(공동체 문화를 중시하는가)을 읽어

낼 수 있다. 예를 들어, 모든 재료를 남김없이 사용하는 사찰음식을 체험하며 불교의 생명 존중 사상을 배우고, 여러 사람이 함께 나눠 먹는 지중해식 식사를 통해 공동체와 여유를 중시하는 삶의 태도를 느끼는 것이 바로 그것이다.

2) 관광목적지 선택의 결정적 변수, 음식

과거 여행 계획에서 '맛집'은 부수적인 고려사항이었지만, 오늘날에는 여행지를 선택하는 가장 중요하거나 유일한 이유가 되기도 한다. 이는 음식 콘텐츠가 관광지의 매력도와 경쟁력을 결정하는 핵심 변수가 되었음을 의미한다.

- **'웰니스 관광지'로서의 포지셔닝:** '어떤 음식을 먹을 수 있는가'는 그 관광지가 어떤 철학을 가졌는지를 보여주는 척도이다. 특히 치유음식을 전면에 내세우는 지역은, 단순히 볼거리를 제공하는 곳을 넘어 '방문객의 건강과 행복까지 생각하는, 수준 높고 배려 깊은 관광지'라는 긍정적인 이미지를 구축할 수 있다. 이는 치유와 휴식을 갈망하는 고부가가치 관광객층을 끌어들이는 강력한 차별화 전략이다.
- **미디어와 구전 효과:** TV 프로그램, 유튜브, 인스타그램 등 미디어의 영향력은 막강하다. 특정 지역의 음식이나 식당이 매력적으로 소개되면, 그곳은 하루아침에 '꼭 가봐야 할 곳(Bucket List)'으로 등극한다. 치유음식은 '건강'과 '스토리'라는 매력적인 요소를 모두 갖추고 있어 미디어 콘텐츠로 활용되기에 매우 유리하며, 이는 자발적인 바이럴 마케팅 효과로 이어진다.

3) 관광객을 사로잡는 음식 체험의 스펙트럼

음식 문화 체험은 단순히 먹는 행위를 넘어, 관광객의 참여 수준에 따라 다양한 스펙트럼으로 설계될 수 있다.

- **1단계**(맛보기, Tasting)**:** 현지 레스토랑이나 시장에서 음식을 맛보는 가장 기본적인 체험 단계. 여행의 필수적인 과정이다.
- **2단계**(배우기, Learning)**:** 쿠킹클래스, 푸드 토크 콘서트, 전문가와 함께하는 푸드

투어 등 음식에 담긴 지식과 기술을 배우는 단계. 관광객은 단순 소비자에서 '학습자'로 전환된다.

❖ **3단계**(참여하기, Participating)**:** 농가에서 사과를 따거나, 어촌에서 갯벌 체험을 하는 등 식재료 생산 과정에 직접 참여하는 단계. 노동의 가치와 자연의 소중함을 느끼며 지역과의 유대감을 형성한다.

❖ **4단계**(몰입하기, Immersing)**:** 팜스테이나 템플스테이처럼 며칠간 머무르며 식문화 전체를 온전히 경험하는 가장 깊은 단계의 체험. 생활 방식 자체를 경험하며 가장 심도 있는 문화적 이해에 도달한다.

❖ **모든 단계의 핵심, 스토리텔링:** 어떤 단계의 체험이든, 그 음식에 얽힌 역사, 문화, 사람의 이야기를 들려주는 '스토리텔링'이 결합될 때 비로소 체험은 생생한 생명력을 얻고 잊지 못할 경험으로 완성된다.

다음 표는 음식을 통한 체험과 가치를 요약한 것이다.

체험의 깊이	체험 내용	관광객에게 주는 가치	대표 사례
1단계: 맛보기	현지 음식 시식	미각적 즐거움, 기본적인 문화 경험	대만 야시장 길거리 음식 투어, 스페인 타파스 바 순례
2단계: 배우기	조리법, 음식 역사 학습	전문 지식 습득, 참여를 통한 만족감	태국 방콕의 쿠킹클래스, 프랑스 파리의 파티시에 클래스
3단계: 참여하기	식재료 수확, 생산 과정 참여	자연과의 교감, 노동의 가치 이해	이탈리아 토스카나 와이너리 포도 수확, 한국의 김장 체험
4단계: 몰입하기	특정 공간에 머물며 식문화 전체 경험	생활양식의 총체적 이해, 깊은 성찰	일본 교토의 사찰음식 템플스테이, 페루의 커피 농장 팜스테이

4. 음식과 관광산업 간 시너지

음식과 관광산업의 관계는 한쪽이 다른 한쪽에 일방적으로 영향을 미치는 관계가 아니다. 이 둘은 서로의 필요를 채워주고 잠재력을 끌어내며 함께 성장하는 역동적인 '공생관계'이다. 음식은 관광산업에 매력적인 '콘텐츠(소프트웨어)'를 제공하고, 관광산업은 음식이 가진 가치를 실현할 수 있는 '플랫폼(하드웨어)'을 제공한다. 이 둘의 성공적인 결합은 '1+1'이 2 이상의 가치를 창출하는 강력한 시너지 효과를 낳으며, 이는 지역의 경쟁력을 총체적으로 끌어올리는 핵심 동력이 된다.

1) 관광상품의 다변화와 고부가가치화

음식은 획일화되기 쉬운 관광상품에 다채로운 색깔과 깊이를 더하는 가장 효과적인 재료이다. 관광산업은 음식을 활용하여 다양한 시장의 수요에 부응하는 맞춤형 상품을 개발하고, 이를 통해 기존 관광상품의 부가가치를 극대화할 수 있다.

- **체험형 상품으로의 확장:** 관광산업은 음식을 '먹는 것'에서 '체험하는 것'으로 확장시킨다. '전통주 빚기 클래스,' '김치 명인과 함께하는 김장 체험,' '바리스타와 함께하는 커피 테이스팅' 등은 단순한 식사보다 훨씬 높은 가격에 판매될 수 있는 고부가가치 체험 상품이다. 이는 관광산업의 수익 모델을 '규모의 경제'에서 '가치의 경제'로 전환시킨다.
- **타겟 시장의 세분화:** 음식은 다양한 테마와 결합하여 특정 취향을 가진 타겟 시장을 공략할 수 있게 한다. '채식주의자를 위한 사찰음식 투어,' '미식가를 위한 파인 다이닝 투어,' '가족 단위를 위한 농장 체험 투어' 등 세분화된 상품 개발은 관광객의 만족도를 높이고 새로운 수요를 창출한다.

2) 지역 산업 생태계의 강화

음식과 관광산업의 시너지는 지역 내 다양한 산업들이 유기적으로 연결되는 '경제 생태계'를 구축함으로써 가장 강력하게 발현된다. 이는 1차, 2차, 3차 산업이 선순환하며 동반 성장하는 '6차 산업' 모델의 핵심이다.

- **산업 간 연계의 구체적 사례:** 예를 들어, 한 관광객이 '강원도 산채 치유 여행' 상품을 구매했다고 가정해보자. 그는 KTX를 타고 강원도에 도착해(3차－교통) 지역 민박에 묵으며(3차－숙박), 아침에는 농가에서 산나물을 직접 채취하고(1차－농업), 점심에는 그 나물로 비빔밥을 만들어 먹는 체험을 한다(3차－체험). 저녁에는 산나물 전문 식당에서 식사하고(3차－외식), 돌아갈 때는 잘 말린 산나물과 나물 장아찌(2차－가공)를 기념품으로 구매한다. 이처럼 한 명의 관광객이 소비한 돈이 지역 내 여러 산업으로 골고루 퍼져나가며 경제 전체에 활력을 불어넣는다.

3) 강력하고 차별화된 지역 브랜드 구축

치열한 관광 시장에서 '차별화된 정체성'은 지역의 생존과 직결된다. 음식은 그 어떤 요소보다 강력하고 매력적인 지역 브랜드를 구축하는 원천이 될 수 있다.

- **'음식＝지역'이라는 등식의 형성:** '전주' 하면 '비빔밥,' '안동' 하면 '찜닭,' '나폴리' 하면 '피자'가 떠오르듯, 특정 음식은 그 지역의 상징 그 자체가 된다. 이러한 강력한 연상은 관광객의 마음에 해당 지역을 명확히 각인시키고, 방문 결정을 내리는 데 중요한 역할을 한다.
- **'헤일로 효과**(Halo Effect)**' 창출:** 특정 음식에 대한 긍정적인 이미지는 그 지역 전체에 대한 호감으로 번지는 '후광 효과'를 일으킨다. '음식이 신선하고 건강한 지역이라면, 그곳의 자연과 사람들도 깨끗하고 진실할 것'이라는 긍정적 인식을 심어주는 것이다. 이는 화장품, 농산물 등 그 지역에서 생산되는 다른 상품의 판매에도 긍정적인 영향을 미친다.

4) 지속가능한 관광으로의 전환 촉진

음식과 관광산업의 시너지는 환경적, 사회·문화적, 경제적 측면 모두에서 '지속가능한 관광' 모델을 구축하는 데 기여한다.

- **환경적 지속가능성:** 지역에서 생산된 제철 식재료(로컬푸드)를 사용하는 것은 식재료의 이동 거리(푸드 마일리지)를 획기적으로 줄여 탄소 배출량을 감소시킨다. 또한, 식재료의 모든 부분을 활용하고 음식물 쓰레기를 최소화하려는 '제로 웨이스트(Zero-waste)' 레스토랑은 그 자체가 환경을 생각하는 관광객을 끌어들이는 매력적인 관광지가 된다.
- **사회·문화적 지속가능성:** 음식 관광은 지역의 전통 조리법, 토종 식재료, 고유한 식문화 등 사라져가는 무형 문화유산을 보존하고 계승할 경제적 동기를 부여한다. 또한, 관광객과 지역 주민 간의 피상적인 관계를 넘어, 음식을 매개로 한 진솔한 교류를 촉진하여 상호 존중의 문화를 싹틔운다.

다음 표는 음식과 관광산업 간 시너지 영역의 내용 및 효과를 요약한 것이다.

시너지 영역	주요 내용 및 효과	대표 사례
관광상품 다변화	체험 기반 고부가가치 상품 개발, 타겟 시장 세분화	이탈리아 와인 투어, 페루 커피 농장 체험, 일본 쓰키지 시장 투어
지역 산업 연계	6차 산업화 모델 구축, '승수 효과'를 통한 경제 파급	전북 순창 고추장 마을, 제주 감귤 체험 농장, 보성 녹차밭
브랜드 이미지 제고	차별화된 정체성 확보, '헤일로 효과'를 통한 긍정적 이미지 확산	싱가포르의 호커 센터(길거리 음식), 덴마크 코펜하겐의 노르딕 퀴진
지속가능성 강화	푸드 마일리지 감소, 전통문화 계승, 진정한 문화 교류 촉진	슬로푸드 운동, 제로 웨이스트 레스토랑, 팜투테이블(Farm-to-table)

3장

THE THEORY OF HEALING FOOD AND TOURISM

치유음식과 건강

1. 치유음식의 건강증진효과 분석

치유음식이 건강에 미치는 긍정적인 영향은 막연한 믿음이나 전통적 지혜의 영역을 넘어, 현대 영양학과 생화학, 의학 연구를 통해 그 구체적인 메커니즘이 속속 밝혀지고 있다. 음식은 우리 몸을 구성하는 벽돌이자, 생명 활동을 이어나가는 에너지원이며, 외부의 위협으로부터 우리를 지키는 방어 시스템을 조율하는 정교한 신호 전달 물질이다. 이 장에서는 치유음식이 인체의 다양한 시스템에 어떻게 작용하여 건강을 증진시키는지, 그 과학적 원리를 다각적으로 분석하고자 한다.

1) 면역력 강화 효과: 우리 몸의 방어군을 훈련시키다

면역력은 단순히 외부 병원균을 막는 것을 넘어, 우리 몸의 내부 환경을 안정적으로 유지하는 핵심적인 시스템이다. 치유음식은 이 면역 시스템을 직접적으로 강화하고 조절하는 역할을 한다.

- **장내 마이크로바이옴**(Microbiome) **개선:** 우리 몸 면역세포의 70% 이상이 집중된 장(腸)은 면역력의 최전선이다. 김치, 된장, 요구르트 등 발효식품에 풍부한 프로바이오틱스(유익균)는 장내 미생물 생태계의 균형을 맞추고, 장 점막을 튼튼하게 하여 유해 물질의 체내 유입을 막는다. 또한, 양파, 마늘, 통곡물 등에 풍부한 프리바이오틱스(유익균의 먹이)는 유익균의 성장을 도와 장내 환경을 근본적으로 개선한다. 이는 면역계가 불필요한 곳에 힘을 낭비하지 않고, 진짜 적과 효과적으로 싸울 수 있도록 훈련시키는 것과 같다.
- **면역세포의 생성과 활성화 지원:** 아연(굴, 육류), 셀레늄(통곡물, 브라질너트), 비타민 D(버섯, 등푸른 생선) 등은 면역세포인 T세포, B세포, NK세포 등의 생성과 활동

에 필수적인 미량 영양소이다. 이러한 영양소가 부족하면 면역 시스템이 제대로 작동하기 어려우므로, 치유음식을 통한 꾸준한 공급이 중요하다.

2) 만성질환 예방 효과: 현대인의 생활 습관병을 막는 방패

고혈압, 당뇨, 고지혈증, 비만 등 만성질환은 현대인의 건강을 위협하는 가장 큰 요인이다. 치유음식은 이러한 만성질환의 근본적인 원인을 관리하여 질병을 예방하는 효과적인 수단이다.

- **혈관 건강 증진:** 등푸른 생선, 들기름, 견과류에 풍부한 오메가-3 불포화지방산은 혈액 속의 중성지방 수치를 낮추고 혈액의 흐름을 원활하게 한다. 또한, 채소와 과일에 풍부한 칼륨은 혈압을 높이는 나트륨의 배출을 도와 혈관의 부담을 덜어준다. 이는 세계적으로 가장 건강한 식단으로 인정받는 지중해식 식단의 핵심 원리이기도 하다.
- **혈당 조절 능력 향상:** 귀리, 현미 등 통곡물과 콩류에 풍부한 수용성 식이섬유는 음식물의 소화 흡수 속도를 늦춰 혈당이 급격하게 오르는 것을 막아준다. 이는 췌장의 부담을 줄이고 인슐린 감수성을 개선하여 제2형 당뇨병의 예방과 관리에 매우 중요하다.

3) 항산화 및 항염 효과: 노화와 염증의 불을 끄다

우리 몸의 노화와 질병 발생 과정에는 '산화 스트레스'와 '만성 염증'이라는 두 가지 핵심 기전이 깊이 관여한다. 치유음식은 이 두 가지 문제에 직접적으로 대응한다.

- **항산화**(Anti-oxidation): 호흡과 대사 과정에서 생성되는 활성산소는 세포를 공격하여 노화와 암 등 각종 질병을 유발한다. 블루베리, 녹차, 다크 초콜릿 등에 풍부한 폴리페놀과 비타민 C, E 등 항산화 물질은 이러한 활성산소를 안정시키고 제거하여 세포를 보호하는 역할을 한다.
- **항염**(Anti-inflammation): 만성 염증은 '소리 없는 살인자'로 불리며 다양한 질병의

배경이 된다. 강황의 커큐민, 생강의 진저롤, 마늘의 알리신 등 향신료와 오메가-3 지방산은 체내의 염증 유발 물질 생성을 억제하여 만성적인 염증 상태를 완화하는 데 도움을 준다.

4) 정신 건강 및 스트레스 완화 효과: 마음을 다스리는 음식

신체와 정신은 분리되어 있지 않으며, 음식은 이 둘을 잇는 중요한 다리이다. 특히 장과 뇌는 '장-뇌 축(Gut-Brain Axis)'이라는 신경망으로 긴밀하게 연결되어 있어, 장 건강이 뇌 기능과 감정에 직접적인 영향을 미친다.

- **'행복 호르몬' 세로토닌 생성 지원:** 정신적 안정감을 주는 신경전달물질인 세로토닌의 원료는 '트립토판'이라는 필수 아미노산이다. 우리 몸은 트립토판을 스스로 만들지 못하므로, 콩류, 두부, 견과류, 바나나 등 식품을 통해 반드시 섭취해야 한다. 또한, 마그네슘(녹색 잎채소, 아몬드)은 신경의 흥분을 가라앉히는 역할을 하여 불안감 완화에 도움을 준다.
- **심리적 안정감 제공:** 따뜻한 국물 요리나 향긋한 허브차는 그 자체의 온기와 향기로 부교감신경을 활성화하여 몸과 마음을 이완시키고 스트레스 호르몬인 코르티솔 수치를 낮추는 효과가 있다.

5) 소화 및 해독 기능 증진 효과: 몸속을 깨끗하게 청소하다

잘 먹는 것만큼이나 중요한 것이 잘 배출하는 것이다. 치유음식은 소화기관의 부담을 덜고, 몸의 자연적인 해독 시스템을 지원한다.

- **장 운동 촉진 및 독소 배출:** 채소와 과일에 풍부한 불용성 식이섬유는 장의 연동운동을 촉진하여 변비를 예방하고, 수용성 식이섬유는 유해 물질을 흡착하여 몸 밖으로 배출시킨다. 특히 미역, 다시마 등 해조류의 알긴산 성분은 체내 중금속을 배출하는 효과가 탁월한 것으로 알려져 있다.
- **간(肝) 기능 지원:** 간은 우리 몸의 핵심적인 해독 기관이다. 브로콜리, 양배추 등 십

자화과 채소의 설포라판 성분과 마늘, 부추의 황 화합물은 간의 해독 효소를 활성화하여 간이 원활하게 기능하도록 돕는다.

다음 표는 치유음식의 건강 증진 효과를 요약한 것이다.

건강 증진 효과	주요 성분 및 메커니즘	대표 음식	기대 효과
면역력 강화	프로바이오틱스(장내 미생물총 개선), 아연	김치, 된장, 요구르트, 굴	감염성 질환 예방, 알레르기 반응 완화
만성질환 예방	불포화지방산(혈행 개선), 식이섬유(혈당 조절)	등푸른 생선, 견과류, 통곡물	심혈관 건강, 당뇨 및 비만 관리
항산화 · 항염	폴리페놀, 커큐민(활성산소 제거, 염증 억제)	베리류, 녹차, 강황, 생강	세포 노화 지연, 만성 염증성 질환 개선
정신 건강 증진	트립토판(세로토닌 원료), 마그네슘	콩류, 바나나, 녹색 잎채소, 허브차	우울감 및 불안 완화, 수면의 질 향상
소화 · 해독 기능	식이섬유(장 운동 촉진), 설포라판(간 기능 지원)	채소, 과일, 해조류, 브로콜리	원활한 배변 활동, 체내 독소 배출

2. 치유음식을 활용한 다양한 건강 관련 프로그램 소개

치유음식에 대한 과학적 지식은 그것이 구체적인 '체험'으로 전환될 때 비로소 개인의 삶을 바꾸는 힘을 갖게 된다. 현대의 건강 관련 프로그램들은 치유음식을 중심에 두고, 교육, 관광, 웰빙 액티비티 등 다양한 요소를 결합하여 참가자들에게 맛과 즐거움, 배움과 치유가 공존하는 통합적인 경험을 제공한다. 이러한 프로그램들은 치유음식의 가치를 확산시키는 핵심적인 플랫폼이자, 그 자체로 매력적인 관광 자원으로 기능한다.

1) '만드는 즐거움'을 배우는 조리 체험 프로그램

이는 참가자가 수동적인 소비자에서 능동적인 창조자로 변모하는 경험을 제공한다. 직접 식재료를 만지고, 조리법을 배우고, 완성된 음식을 맛보는 과정에서 치유음식의 원리를 몸으로 체득하게 된다.

- **사찰음식 쿠킹클래스:** 단순히 채식 요리법을 배우는 것을 넘어, 식재료 하나하나를 소중히 여기고 자연에 감사하는 마음, 그리고 음식을 만드는 과정에 집중하는 '마음챙김' 등 불교의 수행 철학을 함께 배운다.
- **약선(藥膳) 요리 강좌:** 한의사나 전문가에게 자신의 체질(사상체질 등)을 진단받고, 그에 맞는 약재와 식재료를 선택하여 요리를 만드는 프로그램이다. '나에게 맞는 음식'을 직접 찾아가는 과정을 통해 건강에 대한 주체성을 기를 수 있다.
- **전통 발효식품 만들기:** 김치, 고추장, 된장 등을 직접 담가보는 워크숍은 미생물의 작용이라는 과학적 원리와 기다림의 미학이라는 전통의 지혜를 동시에 배우는 장이다. 참가자들은 자신이 만든 발효식품을 집으로 가져가 그 맛의 변화를 경험하며 발효의 신비를 체험한다.

2) '온전한 휴식'을 선사하는 웰니스 리조트 · 호텔 프로그램

이는 숙박 시설이 단순한 잠자리를 넘어, 몸과 마음을 총체적으로 재충전하는 '치유 공간'으로 진화한 형태이다. 전문가의 관리하에 짜인 식단과 다양한 웰니스 활동이 결합되어 시너지를 낸다.

- **개인 맞춤형 웰니스 여정:** 입소 시 영양사, 운동처방사 등 전문가와의 상담을 통해 개인의 건강 상태와 목표를 진단한다. 이를 바탕으로 '디톡스,' '안티에이징,' '스트레스 관리' 등 목표에 맞는 맞춤형 식단이 설계되고, 이는 요가, 명상, 스파, 피트니스 등 다른 프로그램과 유기적으로 연계되어 제공된다.
- **단기 집중 효과:** 2박 3일, 혹은 일주일 등 정해진 기간 건강한 식단과 생활 습관에 집중적으로 노출됨으로써, 참가자들은 '몸이 가벼워지는 경험,' '속이 편안해지는 경험' 등 단기간에 긍정적인 신체 변화를 체감할 수 있다. 이는 일상으로 돌아가서도 건강한 생활을 유지하려는 강력한 동기 부여가 된다.

3) '자연과의 교감'을 나누는 지역 특산물 연계 체험

이는 식재료가 생산되는 현장으로 직접 찾아가, 자연과 교감하며 음식의 근원을 체험하는 프로그램이다. '팜투테이블(Farm-to-Table)'을 넘어 '씨앗부터 식탁까지(Seed-to-Table)'의 전 과정을 경험한다.

- **생산자-소비자 연계 프로그램:** 전남 완도의 해조류 양식장을 방문하여 해녀와 함께 미역과 톳을 채취하고, 이를 활용해 해조류 비빔밥을 만들어 먹는 체험 등이 있다. 또한, 충남 금산의 인삼밭에서 인삼을 직접 캐보고, 인삼 튀김과 인삼 막걸리를 맛보는 체험 등은 생산자와 소비자의 경계를 허물고 깊은 유대감을 형성한다.
- **제철의 가치 학습:** 제철에 나는 식재료가 가장 맛있고 영양이 풍부하다는 사실을 몸소 깨닫게 한다. 봄에는 향긋한 봄나물을, 여름에는 신선한 해산물을, 가을에는 풍성한 곡식과 과일을 주제로 한 프로그램은 참가자에게 자연의 순리를 따르는 식생

활의 중요성을 일깨워준다.

4) '지식의 힘'을 키우는 교육 · 워크숍 프로그램

이는 치유음식과 건강한 식습관에 대한 체계적이고 신뢰도 높은 정보를 제공하여, 참가자들이 일상에서 스스로 건강을 관리할 수 있는 역량을 키우도록 돕는 학습 중심의 프로그램이다.

- **특정 대상을 위한 맞춤형 교육:** 지역 보건소나 병원과 연계하여 고혈압, 당뇨 환자를 대상으로 한 '저염식 · 저당식 조리법 워크숍'을 열거나, 학부모를 대상으로 '성장기 아이들을 위한 영양 간식 만들기 교실'을 운영하는 등 타겟 집단의 구체적인 필요에 맞춘 교육을 제공한다.
- **전문가 양성 과정:** 치유음식 전문가, 웰니스 셰프, 푸드테라피스트 등 관련 분야의 전문가를 양성하기 위한 심화 과정이나 자격증 과정을 개설하여 산업의 저변을 확대할 수도 있다.

5) '모두의 축제'가 되는 치유음식 테마 이벤트

지역 축제는 치유음식이라는 주제를 다수의 대중에게 쉽고 즐겁게 알릴 수 있는 훌륭한 기회이다. 맛보기, 체험, 공연, 마켓, 강연 등이 한데 어우러져 축제의 매력을 더한다.

- **다채로운 콘텐츠의 향연:** '순창 장류 축제,' '남원 허브 축제'처럼 특정 식재료를 테마로, 방문객들이 다양한 형태의 치유음식을 맛보고(시식 부스), 관련 상품을 구매하며(파머스 마켓), 전문가의 강연을 듣고(건강 세미나), 요리 시연을 보는(이벤트) 등 다채로운 경험을 한자리에서 즐길 수 있도록 구성한다.

다음 표는 치유음식 관련 다양한 프로그램의 유형을 요약한 것이다.

프로그램 유형	주요 내용	기대 효과	대표 사례
조리 체험	참가자가 직접 조리 및 시식	건강 지식의 체득, 참여를 통한 만족감 증대	사찰음식 만들기, 전통주 빚기, 이탈리아 파스타 클래스
웰니스 리조트 식단	전문가 설계 맞춤형 건강식 제공	단기 집중 건강 개선 효과, 프리미엄 관광 경험	디톡스 주스 클렌즈, 안티에이징 식단, 스파 연계 패키지
지역 특산물 체험	식재료 생산 현장 방문 및 체험	자연과의 교감, 지역 문화 및 산업에 대한 이해	제주 감귤 따기, 보성 녹차밭 체험, 완도 전복 채취 체험
교육 · 워크숍	전문 지식 및 실천 방법 교육	생활 속 건강관리 역량 강화, 정보 격차 해소	만성질환자 대상 식이요법 워크숍, 영양사 대상 전문 교육
축제 · 이벤트	치유음식 테마의 대중적 축제	치유음식의 대중화, 지역 경제 활성화, 문화 향유	광주 김치 축제, 괴산 고추 축제, 허브 · 약초 박람회

3. 식품 선택과 식습관의 건강에 미치는 영향

우리의 건강은 마치 한 채의 집을 짓는 것과 같다. 어떤 벽돌(식품)을 선택하고, 그 벽돌을 얼마나 정성스럽고 꼼꼼하게 쌓아 올리는가(식습관)에 따라 집의 견고함이 결정된다. 아무리 좋은 치유음식의 효능을 알고 있다 하더라도, 일상에서 잘못된 식품을 선택하고 건강하지 않은 식습관을 반복한다면 그 효과는 반감될 수밖에 없다. 진정한 건강은 '무엇을 먹는가'라는 식품 선택의 문제와 '어떻게 먹는가'라는 식습관의 문제가 조화로운 균형을 이룰 때 비로소 완성된다.

1) '무엇을' 먹는가: 식품 선택이 운명을 바꾼다

매일 우리가 장바구니에 담고 식탁에 올리는 식재료의 종류는 장기적으로 우리의 건강 상태를 결정하는 가장 근본적인 요인이다.

- **자연식품 vs 초가공식품:** 자연식품(Whole Food)은 채소, 과일, 통곡물처럼 가공을 최소화하여 자연의 영양 정보를 고스란히 간직한 식품이다. 반면, 초가공식품(Ultra-processed Food)은 설탕, 정제염, 경화유, 각종 첨가물을 넣어 만든 과자, 음료수, 패스트푸드 등으로, 영양 정보는 거의 없이 텅 빈 칼로리만 제공하여 우리 몸의 대사 시스템을 교란시킨다. 현명한 식품 선택의 첫걸음은 식품의 성분표를 확인하고, 가공 단계를 최소화한 자연식품의 비중을 늘리는 것이다.
- **다양성의 원칙, '무지개처럼 먹어라':** 특정 음식이 건강에 좋다고 해서 그것만 편중하여 섭취하는 것은 또 다른 영양 불균형을 낳을 수 있다. 건강의 핵심은 '다양성'에 있다. 빨강(토마토, 파프리카), 노랑(호박, 당근), 초록(브로콜리, 시금치), 보라(가지, 블루베리), 검정(검은콩, 흑미) 등 다채로운 색상의 채소와 과일을 섭취하는 것은, 각

기 다른 종류의 항산화 물질과 파이토케미컬을 골고루 공급받는 가장 쉬운 방법이다.

- **제철과 지역성의 가치:** 제철에 나는 식재료는 맛과 향이 가장 뛰어날 뿐만 아니라, 영양학적으로도 가장 완벽한 상태이다. 또한, 우리 땅에서 자란 지역 농산물(로컬푸드)을 소비하는 것은 이동 거리가 짧아 신선도가 높고, 우리 몸이 그 환경에 더 잘 적응할 수 있도록 돕는다.

2) '어떻게' 먹는가: 식습관이 건강을 완성한다

아무리 좋은 식재료를 선택해도, 잘못된 식습관은 그 효과를 무용지물로 만들 수 있다. 건강한 식습관은 음식의 영양을 우리 몸이 온전히 흡수하고 활용할 수 있도록 돕는 중요한 과정이다.

- **식사의 '리듬'을 지켜라:** 우리 몸의 소화효소와 호르몬은 일정한 생체리듬(Circadian Rhythm)에 따라 분비된다. 아침을 거르거나, 밤늦게 폭식하는 등 불규칙한 식사는 이러한 리듬을 깨뜨려 혈당 조절 능력을 떨어뜨리고, 비만과 대사증후군의 위험을 높인다. 정해진 시간에 규칙적으로 식사하는 것은 우리 몸의 대사 시스템을 안정시키는 가장 기본적인 약속이다.
- **'천천히' 그리고 '충분히' 씹어라:** 씹는 행위는 소화의 첫 단계이다. 음식을 충분히 씹으면 침 속의 소화효소가 원활히 분비되어 위장의 부담을 덜어준다. 또한, 뇌가 포만감을 느끼기까지는 식사 시작 후 약 20분이 걸리므로, 천천히 식사하는 습관은 과식을 막아 체중을 조절하는 가장 효과적인 방법 중 하나이다.
- **'마음챙김 식사'의 중요성:** TV나 스마트폰을 보면서 무의식적으로 식사하는 '산만한 식사'는 만족감을 떨어뜨리고 과식으로 이어지기 쉽다. 반면, 음식의 색, 향, 맛, 식감에 온전히 집중하며 먹는 '마음챙김 식사(Mindful Eating)'는 적은 양으로도 높은 만족감을 주며, 음식에 대한 감사함과 우리 몸과의 소통을 가능하게 한다.
- **감정적 허기와 신체적 허기를 구분하라:** 스트레스를 받거나 우울할 때 특정 음식을 찾는 '감정적 식사'는 근본적인 문제 해결 없이 일시적인 위안만 줄 뿐이다. 배에서 꼬르륵 소리가 나는 '신체적 허기'와 마음이 허전한 '감정적 허기'를 구분하고, 감정

적 허기는 식사 대신 산책, 명상, 대화 등 다른 건강한 방법으로 해소하려는 노력이 필요하다.

3) 올바른 방향을 제시하는 치유음식의 역할

치유음식 문화는 건강한 식품 선택과 바람직한 식습관을 자연스럽게 유도하는 훌륭한 '가이드' 역할을 한다.

- **건강한 선택의 기준 제시:** 치유음식은 가공을 최소화하고, 제철의 자연 재료를 사용하며, 영양의 균형을 중시하는 철학을 담고 있다. 이러한 치유음식의 원리를 이해하는 것은, 수많은 식품 앞에서 무엇을 선택해야 할지에 대한 현명한 기준을 제공한다.
- **바람직한 식습관의 체화:** 여러 사람이 함께 둘러앉아 먹는 전통적인 식문화, 재료 하나하나의 맛을 음미하게 하는 사찰음식 등은 자연스럽게 천천히, 대화하며, 감사하는 마음으로 식사하는 태도를 배우게 한다. 이는 단순한 지식을 넘어, 건강한 식습관을 몸으로 체득하게 하는 과정이다.

다음 표는 바람직한 식습관이 건강에 미치는 영향을 요약한 것이다.

구분	바람직한 선택 · 습관	부정적 선택 · 습관	건강에 미치는 영향
식품 선택	자연식품, 다채로운 채소 · 과일, 제철 · 지역 식재료	초가공식품, 고염 · 고당 · 고지방 식품, 편중된 식단	대사 기능 활성화, 만성질환 예방 vs. 비만, 당뇨, 심혈관 질환 위험 증가
식사 시간	규칙적인 삼시 세끼	잦은 결식, 불규칙한 식사	안정적인 혈당 및 대사 균형 유지 vs. 대사증후군, 폭식 유발
섭취 방식	천천히 씹기, 마음챙김 식사, 적정량 섭취	빠른 식사 속도, 산만한 식사, 과식 · 야식	적정 체중 유지, 소화 기능 향상 vs. 소화 불량, 비만, 수면 장애
정서적 습관	감사하는 마음으로 즐겁게 식사, 신체적 허기에 반응	스트레스성 폭식, 감정적 식사, 죄책감을 느끼는 식사	정신적 안정, 음식과의 긍정적 관계 형성 vs. 우울감, 섭식장애 위험

www.daewangsa.net

4장

THE THEORY OF HEALING FOOD AND TOURISM

지역별 치유음식관광콘텐츠

1. 다양한 지역에서의 치유음식관광 사례연구

치유음식관광은 추상적인 개념이 아니라, 이미 세계 각지에서 그 지역의 고유한 자연환경과 문화적 자산을 바탕으로 성공적으로 구현되고 있는 실체이다. 각 지역은 자신들만의 강점을 발굴하고, 이를 현대 관광객의 요구와 접목하여 독창적인 치유음식관광 콘텐츠를 개발하고 있다. 이 절에서는 대표적인 국내외 사례를 분석함으로써, 성공적인 치유음식관광 콘텐츠의 조건과 발전 가능성을 탐색하고자 한다. 이는 단순히 성공 사례를 나열하는 것을 넘어, 각 사례의 핵심 성공 요인과 전략을 분석하여 우리에게 적용 가능한 시사점을 도출하는 데 그 목적이 있다.

1) 한국: 정신과 철학을 담아내는 '수행의 음식'

한국의 치유음식관광은 불교의 수행 정신과 한의학의 약식동원 사상이라는 깊은 철학적 배경을 바탕으로 전개된다.

- **핵심 콘텐츠:** 사찰음식 템플스테이, 약선 음식 관광
- **상세 내용:** 사찰음식 체험은 단순히 채식 요리를 배우는 것을 넘어, 새벽 예불, 참선, 발우공양(鉢盂供養) 등 스님들의 일과에 동참하며 '비움'과 '감사'의 정신을 배우는 총체적인 웰니스 프로그램이다. 발우공양 시에는 음식을 남기지 않고, 그릇을 헹군 물까지 마시며 음식의 소중함을 몸소 체득한다. 한편, 금산 인삼 축제나 제천 한방바이오박람회 같은 약선 음식 관광은 한의학적 원리를 기반으로 한 건강 상담, 약초 채취, 약선 요리 시식 등 건강 정보를 '축제'라는 즐거운 형식으로 풀어내어 대중의 참여를 유도한다.
- **성공 요인:** '느림,' '비움,' '마음챙김' 등 현대인들이 갈망하는 정신적 가치를 음식과

결합하여 깊은 울림을 준다. K-Culture의 확산과 함께 한국의 전통 철학에 관한 관심이 높아지면서 외국인 관광객에게 특히 매력적으로 다가간다.

2) 일본: '온천'과 '미식'의 완벽한 조화

일본은 자신들의 강점인 온천(温泉) 문화와 정갈한 미식 문화를 결합하여 완성도 높은 체류형 웰니스 관광 모델을 구축했다.

- **핵심 콘텐츠:** 료칸(旅館)의 가이세키(会席) 요리, 발효음식 체험
- **상세 내용:** 일본의 전통 숙소인 료칸에 머무는 관광객은 따뜻한 온천욕으로 몸의 피로를 푼 뒤, 방 안에서 정갈하게 차려진 코스 요리인 가이세키를 대접받는다. 가이세키 요리는 그 지역의 가장 신선한 제철 식재료를 사용하여 계절의 변화를 한 상에 담아내는 예술과도 같다. 이는 숙박, 휴양, 미식을 한 공간에서 완벽하게 결합한 형태이다.
- **성공 요인:** '휴식'과 '미식'이라는 관광객의 핵심적인 두 가지 욕구를 한 번에 충족시키는 통합적인 상품 구성 능력이 돋보인다. 이는 관광객의 체류 기간을 늘리고, 1인당 소비 지출을 높여 고부가가치 관광을 실현한다.

3) 지중해 지역: 과학이 입증한 '건강한 라이프스타일'

그리스, 이탈리아, 스페인 등 지중해 연안 지역은 세계적으로 가장 건강한 식단으로 알려진 '지중해식 식단' 자체를 핵심 관광 자원으로 활용한다.

- **핵심 콘텐츠:** 웰니스 리조트의 식단 프로그램, 아그리투리스모(Agriturismo)
- **상세 내용:** 지중해 연안의 웰니스 리조트들은 의사와 영양사의 관리하에 지중해식 식단을 제공하며, 요가, 명상 등 다양한 프로그램을 결합한 '건강 휴가'를 판매한다. 또한, 토스카나 지방의 아그리투리스모(농가 민박)에서는 관광객이 직접 올리브 농장에서 올리브를 수확하고, 신선한 올리브유를 짜서 요리를 만들어 먹는 등 현지의 삶에 깊숙이 녹아드는 체험을 제공한다.

❖ **성공 요인:** 심혈관 질환 예방 등 수많은 연구를 통해 입증된 '과학적 신뢰성'이 가장 큰 무기이다. '맛'과 '건강'이라는 두 마리 토끼를 모두 잡았다는 인식이 전 세계 관광객을 끌어들이는 강력한 동력이 된다.

4) 북유럽: '순수한 자연'을 맛보는 친환경 미식

핀란드, 스웨덴, 덴마크 등 북유럽 국가들은 깨끗하고 순수한 자연환경과 지속가능성을 중시하는 사회적 가치를 음식관광에 투영했다.

❖ **핵심 콘텐츠:** 포레징(Foraging) 투어, 뉴 노르딕 퀴진(New Nordic Cuisine)

❖ **상세 내용:** 여름이 되면 숲으로 들어가 야생 베리나 버섯, 허브 등을 직접 채취하는 포레징 투어는 북유럽에서만 가능한 독특한 체험이다. 관광객들은 자연이 주는 선물을 직접 수확하고, 이를 활용해 저녁 식사를 준비하며 자연과의 일체감을 느낀다. 또한, 덴마크의 '노마(Noma)' 레스토랑이 주도한 뉴 노르딕 퀴진은 지역의 식재료와 전통 조리법을 현대적으로 재해석하여 세계 미식 트렌드를 선도하고 있다.

❖ **성공 요인:** '친환경,' '유기농,' '지속가능성' 등 현대 사회의 핵심 가치를 음식 철학에 담아냄으로써, 가치 소비를 중시하는 의식 있는 관광객들에게 큰 호응을 얻고 있다.

5) 남미: '고대의 슈퍼푸드'를 활용한 미식 혁명

페루, 브라질 등 남미 국가들은 세계적인 '슈퍼푸드' 열풍을 기회로 삼아, 고대 문명의 식재료를 현대적인 미식 관광 콘텐츠로 성공적으로 부활시켰다.

❖ **핵심 콘텐츠:** 페루의 미식 투어, 슈퍼푸드 농장 체험

❖ **상세 내용:** 페루는 퀴노아, 아마란스, 마카 등 안데스 산맥의 고대 작물과 풍부한 해산물을 결합한 독창적인 요리로 세계적인 미식의 수도로 떠올랐다. 수도 리마의 유명 레스토랑을 순례하는 미식 투어는 페루 관광의 핵심 코스이다. 또한, 안데스 고산지대의 퀴노아 농장을 방문하여 전통적인 재배 방식을 배우는 농업 연계 관광도 활발하다.

✣ **성공 요인:** '슈퍼푸드'라는 강력한 키워드를 통해 전 세계 미디어와 소비자의 관심을 집중시켰다. 정부와 스타 셰프들이 협력하여 자국 음식문화를 전략적으로 홍보한 것이 주효했다.

다음 표는 주요 국가의 치유음식관광콘텐츠를 요약한 것이다.

지역	주요 치유음식관광 콘텐츠	핵심 성공 요인 및 특징	기대 효과 및 시사점
한국	사찰음식 템플스테이, 약선 음식 축제	정신적 수양과 음식의 결합, 전통 철학의 매력	웰빙·명상 관광 시장 확대, 한국 문화의 깊이 전달
일본	료칸의 가이세키 요리, 온천 연계 식단	휴양과 미식의 완벽한 통합, 높은 수준의 서비스	고부가가치 체류형 웰니스 관광 모델 구축
지중해	지중해식 식단 체험, 아그리투리스모	과학적으로 입증된 건강 효과, 라이프스타일 제안	전 세계 건강 지향 관광객 유치, 라이프스타일 상품화
북유럽	포레징 투어, 뉴 노르딕 퀴진	순수한 자연과 친환경 가치의 결합	지속가능한 관광의 선도적 이미지 구축, 가치 소비 유도
남미	슈퍼푸드 미식 투어, 농장 체험	글로벌 트렌드 활용, 전략적 국가 브랜딩	농업과 관광의 연계를 통한 고부가가치 산업 육성

2. 지역 특산물과 전통음식을 활용한 관광프로그램 소개

지역의 고유성을 가장 잘 드러내는 것은 바로 그 땅에서 나고 자란 특산물과 오랜 세월 사람들의 삶 속에서 이어져 온 전통음식이다. 이것들은 다른 지역이 결코 흉내 낼 수 없는 '진정성(Authenticity)'의 원천이다. 성공적인 치유음식관광은 바로 이 '진정성'이라는 원석을 발견하여, 관광객의 눈높이에 맞게 세련되게 가공하고, 흥미로운 이야기로 포장하여 매력적인 '관광프로그램'이라는 보석으로 만들어내는 과정이다. 이 절에서는 지역의 자원을 활용한 대표적인 관광프로그램 유형을 소개한다.

1) 땅의 기운을 느끼다: 농촌 지역 특산물 활용 프로그램

농촌에서의 치유음식관광은 단순히 건강한 밥상을 받는 것을 넘어, 식재료가 자라나는 땅과 교감하고, 땀의 가치를 느끼며, 농부의 삶을 이해하는 총체적인 '팜투테이블(Farm-to-Table)' 경험을 제공한다.

✣ **프로그램 심화 과정**

- 1단계: 만남(농부가 자신이 기르는 작물과 땅의 이야기에 대해 들려준다)
- 2단계: 수확(참가자가 직접 밭으로 나가 제철 채소나 과일을 수확한다)
- 3단계: 조리(갓 수확한 싱싱한 재료를 가지고 농부의 아내에게 그 지역의 전통 조리법을 배워 함께 음식을 만든다)
- 4단계: 나눔(평상에 둘러앉아 함께 만든 음식을 나누어 먹으며 이야기를 나눈다)

✣ **대표 사례**

- 강원도 정선 곤드레나물: 해발 700m 고지대에서 자라는 곤드레나물을 주제로, 나물 채취 트레킹, 곤드레밥 짓기, 곤드레 장아찌 만들기 등 다양한 체험을 엮어

'산채 치유마을'을 조성한다.

- 전북 고창 복분자: 복분자 수확 체험과 더불어 복분자주, 복분자 효소, 복분자 초콜릿 등 2차 가공품 만들기 체험을 결합하여 농가의 부가가치를 높인다.

2) 바다의 활력을 맛보다: 어촌 지역 특산물 활용 프로그램

어촌에서의 치유음식관광은 맑은 바다가 주는 건강한 식재료와 해양치유(Thalassotherapy)의 개념을 결합하여 몸과 마음을 동시에 치유하는 경험을 제공한다.

✣ 프로그램 심화 과정

- 1단계: 바다 체험(갯벌에서 조개를 캐거나, 배를 타고 나가 미역 양식장을 둘러보는 등 바다 생태를 체험한다)
- 2단계: 해양치유(해수 스파나 해조류 머드팩 등 해양 자원을 활용한 웰니스 프로그램을 즐긴다)
- 3단계: 치유 식사(인근 식당에서 그 지역 해산물로 만든 신선한 치유 식단을 맛본다)
- 4단계: 상품 구매(지역 어민들이 만든 건어물이나 해조류 가공품을 구매한다)

✣ 대표 사례

- 전남 완도 전복: 전복 양식장 견학, 전복 따기 체험, 전복 코스요리 시식, 그리고 해수찜을 결합한 '전복 힐링캠프'를 운영한다.
- 제주 해녀 문화: 유네스코 인류무형문화유산인 해녀의 물질을 직접 보고, 그들이 갓 잡아 올린 해산물로 차려주는 '해녀 밥상'을 체험하며 제주의 독특한 문화와 강인한 생명력을 느낀다.

3) 철학과 이야기를 체험하다: 전통음식 활용 문화 프로그램

오랜 역사를 통해 형성된 전통음식은 그 자체로 하나의 인문학 콘텐츠이다. 이러한 프로그램을 통해 관광객은 음식에 담긴 철학과 이야기를 배우며 깊이 있는 문화적 감동을 얻는다.

✣ **프로그램 심화 과정**

- 사찰음식: 단순히 조리법을 배우는 것을 넘어, 스님과의 차담(茶啖)을 통해 사찰음식의 정신을 배우고, 발우공양을 통해 음식을 남기지 않는 수행의 자세를 익힌다.
- 종가음식: 수백 년 된 고택에서 종부(宗婦)에게 직접 가문의 내림음식과 손님맞이 예법을 배우며, 한국의 전통적인 공동체 문화와 예를 체험한다.

✣ **대표 사례**

- 경북 안동 종가음식 체험: 안동의 유서 깊은 종가 고택에서 1박 2일간 머무르며, 종부와 함께 제사상에 오르는 음식을 만들고 음복(飮福)하며 조상에 대한 효와 공동체의 의미를 되새기는 프로그램이다.
- 전남 순천 선암사 템플스테이: 자연 속에서 스님들과 함께 텃밭을 가꾸고, 그 재료로 소박한 사찰음식을 만들어 먹으며 '자연과 내가 둘이 아님(身土不二)'을 깨닫는 과정이다.

4) 다 함께 즐기는 잔치: 특산물 기반 축제 및 이벤트

지역 축제는 특정 기간에 지역의 모든 매력을 집약적으로 보여주어, 다수의 관광객을 유치하고 지역 이미지를 제고하는 가장 효과적인 방법이자 관광 전략이다.

✣ **프로그램 심화 과정:** 성공적인 음식 축제는 먹거리 장터를 넘어, '오감 만족 테마파크'처럼 구성된다.

- 주제관: 특산물의 역사와 효능을 알기 쉽게 전시
- 체험존: 포도 밟기, 인삼 캐기, 고추 빻기 등 방문객이 직접 참여하는 역동적인 프로그램
- 공연존: 지역의 문화를 담은 공연과 함께 유명 셰프의 쿠킹쇼 진행
- 판매존: 농민들이 직접 자신의 이름을 걸고 판매하는 신뢰도 높은 직거래 장터

✣ 대표 사례

- 충남 금산 인삼축제: 세계적으로 유명한 고려인삼을 주제로, 국제인삼교역전, 건강체험관, 인삼캐기 체험, 인삼 튀김 등 다양한 먹거리와 볼거리를 제공하여 매년 수많은 국내외 관광객을 유치한다.
- 함평 나비축제: 친환경 농업 지역이라는 이미지를 나비와 결합하고, 축제장 내에서 유기농 농산물로 만든 건강 먹거리를 판매하여 축제의 가치를 높인다.

다음 표는 지역 음식을 활용한 대표적 관광프로그램의 내용을 요약한 것이다.

구분	활용 자원	주요 프로그램 내용	기대 효과 및 성공 전략
농촌형	산채, 버섯, 콩, 복분자	'농부와 함께하는 팜(Farm)투테이블,' 토종 씨앗 이야기, 농가 민박 연계	농외소득 창출, 도농 교류 활성화, 농업의 6차 산업화
어촌형	해조류, 전복, 멸치, 갯벌	'어부와 함께하는 씨(Sea)투테이블,' 해양치유 프로그램 결합, 해녀 문화 체험	해양 웰니스 관광 활성화, 어촌 지역의 새로운 가치 발견
전통음식형	사찰음식, 종가음식, 궁중음식	명인 / 장인과 함께하는 마스터 클래스, 고택 / 사찰 스테이 연계	고품격 문화관광 상품 개발, 지역의 인문학적 깊이 전달
축제형	인삼, 허브, 장류, 와인	오감만족 체험형 축제, 국제 교류 이벤트, 온라인 마케팅 강화	지역 브랜드 가치 극대화, 단기간 대규모 관광객 유치

3. 지역 문화와 역사와 함께 즐기는 치유음식관광

음식에 이야기가 더해지면, 음식은 더 이상 단순한 음식이 아니라 살아있는 문화가 된다. 치유음식관광의 가장 높은 단계는 바로 음식이라는 매개를 통해 그 지역의 역사와 문화를 총체적으로 경험하게 하는 것이다. 관광객이 음식에 담긴 시간의 깊이와 삶의 결을 이해하게 될 때, 미각적 즐거움은 인문학적 감동으로 승화되고, 신체적 치유는 정신적·문화적 치유로 확장된다. 이는 관광객에게 잊을 수 없는 경험을 선사하고, 지역에 대한 깊은 애착을 형성하게 하는 가장 강력한 방법이다.

1) 역사를 맛보다: 시간의 흔적이 담긴 치유음식

모든 전통음식은 그 시대의 사회상을 반영하는 '역사의 거울'이다. 음식의 재료와 조리법 속에는 과거 사람들의 희로애락과 지혜가 고스란히 담겨 있다. 관광객에게 이러한 역사적 배경을 알려주는 것은 음식을 한 차원 높은 지적 유희의 대상으로 만들어준다.

- **왕의 밥상, 궁중음식:** 조선 시대 왕의 밥상인 수라상(水剌床)은 전국 팔도에서 진상된 최고의 식재료로 만들어진, 당대 식문화의 정수였다. 또한, 왕의 건강이 곧 나라의 안녕이었기에, 어의(御醫)의 감독하에 세심하게 구성된 최고의 치유식이기도 했다. 오늘날 관광객이 궁중음식을 체험하는 것은, 단순히 화려한 음식을 맛보는 것을 넘어 왕조 시대의 권위와 철학을 경험하는 역사 문화 체험이다.
- **백성의 밥상, 향토음식:** 척박한 환경을 이겨내기 위한 지혜가 담긴 음식들 또한 소중한 역사적 자산이다. 쌀이 귀했던 시절의 보릿고개 애환이 담긴 보리밥, 제주도의 거친 화산 땅을 일구며 키운 메밀로 만든 빙떡 등은 그 지역 민중의 강인한 생명력과 생활사를 보여주는 살아있는 역사 교과서이다.

2) 문화를 맛보다: 삶의 방식이 녹아있는 치유음식

음식은 그 지역 사람들의 세계관과 생활 철학을 비추는 거울이다. 식사 예절, 주로 사용하는 식재료, 조리법 등에는 그 공동체가 중요하게 생각하는 가치가 반영되어 있다.

- **공동체 문화와 '나눔'의 밥상:** 다 함께 둘러앉아 하나의 냄비에 끓인 전골을 나누어 먹고, 수많은 밑반찬을 공유하는 한국의 식문화는 '우리'라는 공동체 의식을 중요하게 생각하는 문화적 특성을 보여준다. 관광객이 이러한 식사에 참여하는 것은, 한국의 '정(情)' 문화를 직접 체험하는 기회가 된다.
- **자연환경과 지리적 특성:** 강원도 산간 지역의 투박하지만 깊은 맛을 내는 산채와 장(醬) 중심의 식단, 그리고 동해안 어촌 지역의 신선함을 살리기 위해 최소한의 양념만 사용하는 담백한 해산물 식단은 각기 다른 자연환경에 순응하며 살아온 사람들의 삶의 방식을 보여준다.

3) 이야기를 입히다: 스토리텔링을 통한 감성적 연결

음식에 얽힌 흥미로운 이야기는 이성적 정보를 감성적 경험으로 바꾸는 마법과도 같다. 잘 짜인 스토리텔링은 음식의 맛을 더욱 풍부하게 하고, 관광객의 마음에 깊은 인상을 남긴다.

- **이야기의 유형**
  - 유래: 이 음식은 언제, 어떻게, 왜 만들어졌는가?
    (예: 임진왜란 당시 피난민들이 여러 재료를 섞어 먹던 것에서 유래했다는 비빔밥의 설)
  - 식재료: 이 지역의 쌀, 소금, 약초는 다른 지역의 것과 무엇이 다른가?
    (예: 해풍을 맞고 자라 미네랄이 풍부한 ○○ 시금치 이야기)
  - 사람: 이 음식을 만든 장인(匠人)의 인생과 철학은 무엇인가?
    (예: 3대째 이어온 종갓집 종부의 손맛 이야기)

❖ **스토리텔링의 방식:** 전문 '푸드 스토리텔러'나 문화관광해설사의 맛깔 나는 해설은 기본이다. 나아가 잘 디자인된 메뉴판, 레스토랑의 인테리어, 체험 키트의 설명서, QR코드를 통해 접속하는 동영상 등 다양한 매체를 통해 이야기를 전달할 수 있다.

4) 공간과 결합하다: 문화유산 속에서의 특별한 향연

어디서 먹는가는 무엇을 먹는가 만큼이나 중요하다. 지역의 역사와 문화가 깃든 특별한 공간에서 즐기는 치유음식은 그 자체로 하나의 완성된 관광 상품이 된다.

❖ **전통 건축물과의 조화:** 수백 년 된 고택(古宅)의 대청마루에 앉아 정갈한 한정식을 맛보는 경험, 혹은 고즈넉한 사찰의 마당에서 소박한 사찰음식을 맛보는 경험은 음식과 공간이 하나가 되는 물아일체(物我一體)의 경지를 선사한다. 건축물이 가진 역사적 아우라가 음식의 품격을 높이고, 음식은 낡은 공간에 생동감을 불어넣는다.

❖ **유적지 및 자연유산과의 연계:** 경주 불국사 탐방 후 인근에서 신라 시대의 식문화를 재해석한 식사를 하거나, 순천만 국가정원 관람 후 그곳의 자연주의 철학을 담은 건강식을 즐기는 등, 유적지나 자연유산의 주제와 음식의 콘셉트를 연결하면 관광객의 경험은 더욱 풍성하고 의미 깊어진다.

다음 표는 지역 음식문화와 역사를 함께 즐기는 접근 방식을 요약한 것이다.

구분	주요 내용 및 접근 방식	대표 사례	기대 효과 및 가치
역사 연계	왕실, 사찰, 서민의 음식 등 역사적 맥락과 함께 제공	궁중음식 재현, 보릿고개 체험 밥상, 임금님 수라상 체험	체험의 인문학적 깊이 부여, 교육적 가치 증대
지역 문화 연계	공동체 문화, 지리적 특성 등 생활양식을 음식에 반영	제주 해녀 밥상, 강원도 산골 밥상, 남도 한정식 체험	지역 문화에 대한 진정한 이해, 현지인과의 정서적 교감
스토리텔링 활용	음식의 유래, 식재료, 인물에 대한 흥미로운 이야기 전달	전주비빔밥 축제의 스토리텔링관, 막걸리 양조장 투어	관광객의 몰입도 및 만족도 극대화, 감성적 연결고리 형성
문화유산 연계	고택, 사찰, 서원 등 역사적 공간에서 식사 경험 제공	안동 고택에서의 종가음식 체험, 강릉 선교장 활래각에서의 다과상	공간과 음식의 시너지, 총체적이고 입체적인 문화 관광 경험

www.daewangsa.net

5장

THE THEORY OF HEALING FOOD AND TOURISM

치유음식관광의 마케팅과 홍보

1. 치유음식관광 상품 개발과 마케팅 전략

아무리 좋은 음식과 훌륭한 콘텐츠를 가지고 있더라도, 그것을 알아주고 찾아주는 사람이 없다면 무용지물이다. 성공적인 치유음식관광은 '무엇을 제공할 것인가'라는 상품 개발의 문제와, '누구에게 어떻게 알릴 것인가'라는 마케팅의 문제가 수레의 양바퀴처럼 맞물려 돌아갈 때 비로소 가능하다. 특히 치유음식관광의 마케팅은 단순히 상품을 파는 행위를 넘어, 건강과 행복이라는 무형의 가치를 전달하고 잠재 고객과 깊은 신뢰 관계를 형성하는 과정으로 이해해야 한다.

1) '가치'를 담아내는 치유음식관광 상품 개발

치유음식관광 상품 개발은 흩어져 있는 지역의 자원(식재료, 장소, 사람, 이야기)을 '치유'라는 핵심 콘셉트 아래 유기적으로 엮어, 관광객이 기꺼이 비용을 지불할 만한 가치 있는 경험으로 재창조하는 과정이다.

- **지역 자산 기반의 콘셉트 도출:** 상품 개발의 첫 단계는 '우리가 가진 것은 무엇인가?'를 파악하는 것이다. 우리 지역의 대표 특산물, 독특한 자연환경, 고유한 역사와 문화, 그리고 숨겨진 장인(匠人) 등 핵심 자산을 발굴하고, 이를 통해 '바다를 통한 해독,' '숲속에서의 마음챙김,' '고택에서의 기력 회복' 등 차별화된 상품 콘셉트를 설정해야 한다.
- **체험의 심화와 다각화:** 성공적인 상품은 수동적인 관람이 아닌 능동적인 참여를 유도한다. 단순히 음식을 제공하는 것을 넘어, 식재료 수확, 명인과 함께하는 조리, 전문가의 스토리텔링 등 관광객의 오감을 만족시키는 다채로운 체험 요소를 포함시켜야 한다.

- **융복합을 통한 패키지 구성:** 음식 프로그램은 요가, 명상, 스파, 트레킹 등 다른 웰니스 활동이나, 고택, 사찰 등 지역의 문화유산과 결합될 때 시너지를 낸다. '사찰음식 쿠킹클래스와 템플스테이를 결합한 1박 2일 패키지'처럼, 음식, 숙박, 체험, 휴식을 하나의 완결된 상품으로 묶어 제공하면 관광객의 편의성과 만족도를 동시에 높일 수 있다.
- **강력한 브랜드 구축:** '전주' 하면 '비빔밥'이 떠오르듯, '지역명=대표 치유음식'이라는 인식이 생기도록 전략적인 브랜드화가 필요하다. 이는 상품의 인지도를 높이고 고객의 충성도를 확보하는 핵심 자산이 된다.

2) '고객'을 찾아가는 핵심 마케팅 전략

효과적인 마케팅은 불특정 다수를 향해 외치는 것이 아니라, 우리 상품을 가장 필요로 하는 사람들에게 정확하게 다가가는 것이다. 이를 위해 STP 전략에 기반 한 체계적인 접근이 필요하다.

- **시장 세분화**(Segmentation) **및 목표 고객 설정**(Targeting)**:** 전체 시장을 연령, 소득, 관심사 등에 따라 나눈 뒤, 우리 상품의 가치를 가장 잘 알아줄 핵심 고객층을 선정한다. 예를 들어, '만성질환 관리에 관심이 많은 50~60대 액티브 시니어,' '자녀의 아토피, 비염 등 환경성 질환에 고민이 많은 30~40대 부모,' '스트레스 해소와 재충전이 필요한 20~30대 직장인 여성' 등으로 시장을 세분화하고, 각 그룹의 특성에 맞는 메시지를 전달해야 한다.
- **포지셔닝**(Positioning) **및 스토리텔링:** 목표 고객의 마음속에 우리 상품을 어떤 이미지로 각인시킬지 결정하는 과정이다. '가장 과학적인,' '가장 럭셔리한,' '가장 진정성 있는' 등 우리만의 차별화된 포지션을 설정하고, 이를 뒷받침하는 매력적인 스토리를 개발해야 한다. 음식의 역사, 장인의 철학, 식재료의 특별함 등을 담은 이야기는 고객의 감성을 자극하고 깊은 공감대를 형성한다.
- **관계 마케팅을 통한 지속성 강화:** 체험이 끝난 후에도 고객과의 관계를 유지하려는 노력이 필요하다. 체험 후기 이벤트, 정기적인 건강 정보 뉴스레터 발송, 그리고 체

험 때 사용했던 특산물을 구매할 수 있는 온라인 쇼핑몰 연계 등은 재방문을 유도하고 충성 고객을 확보하는 효과적인 방법이다.

3) '가치'를 확산시키는 통합 마케팅 채널

개발된 상품과 마케팅 전략은 온·오프라인의 다양한 채널을 통해 통합적으로 전달되어야 한다. 각 채널의 특성을 이해하고, 일관된 메시지를 전달하는 것이 중요하다.

❖ **온라인 채널**

- 콘텐츠 마케팅: '면역력 높이는 제철 음식' 같은 유용한 정보를 담은 블로그 포스팅, 생생한 체험 과정을 담은 유튜브 영상, 감성적인 사진 중심의 인스타그램 등은 잠재 고객이 스스로 우리를 찾아오게 만드는 '인바운드 마케팅'의 핵심이다.
- 인플루언서 협업: 건강, 여행, 라이프스타일 분야에서 신뢰도 높은 인플루언서와의 협업은 타겟 고객에게 빠르고 효과적으로 도달하는 방법이다.

❖ **오프라인 채널**

- 언론 홍보: 건강 전문 잡지나 방송 프로그램에 우리 상품을 소개하여 공신력을 확보한다.
- 박람회 참가: 국내외 웰니스 관광 박람회에 참가하여 B2B(여행사 대상) 및 B2C (소비자 대상) 홍보를 진행한다.

❖ **전략적 파트너십:** 우리와 목표 고객을 공유하는 다른 기관과의 협력은 시너지를 창출한다.

- 여행사: 웰니스 전문 여행사와 함께 패키지 상품을 개발
- 기업: 기업체의 임직원 복지 및 연수 프로그램으로 제안
- 병원·의료기관: 특정 질환 환자들을 위한 회복 및 관리 프로그램으로 연계

다음 표는 치유음식관광 홍보 및 마케팅의 주요 내용을 요약한 것이다.

전략 영역	주요 내용 및 세부 전략	기대 효과 및 목표
상품 개발	지역 자산 기반 콘셉트 도출, 체험 요소 강화, 융복합 패키지 구성	독창적이고 경쟁력 있는 고부가가치 관광상품 확보
마케팅 전략	STP(시장세분화-목표설정-포지셔닝) 분석, 스토리텔링, 관계 마케팅	목표 시장에 대한 효과적 접근, 고객 만족도 및 충성도 제고
홍보 채널	콘텐츠 마케팅(블로그, 유튜브), 인플루언서 협업, 언론 홍보, 박람회 참가	상품 인지도 확산 및 공신력 확보, 잠재 고객 발굴
파트너십	여행사, 기업체, 병원 등 유관 기관과의 전략적 제휴	신규 고객 채널 확보, 공동 마케팅을 통한 시너지 창출

2. 디지털 마케팅 및 소셜 미디어 활용 사례

오늘날 관광객의 여정은 공항이나 기차역이 아닌, 스마트폰의 검색창과 소셜 미디어 피드에서 시작된다. 잠재적 관광객은 온라인에서 영감을 얻고, 정보를 탐색하며, 다른 사람의 후기를 참고하여 여행을 결정하고, 여행 중에는 자신의 경험을 실시간으로 공유하며, 여행 후에는 추억을 기록하고 확산시킨다. 이처럼 고객 여정의 모든 단계가 디지털 환경과 연결되어 있기에, 디지털 마케팅과 소셜 미디어의 전략적 활용은 치유음식관광의 성패를 좌우하는 핵심 역량이 되었다. 이는 단순히 정보를 전달하는 것을 넘어, 잠재 고객과 소통하고, 관계를 맺으며, 그들이 스스로 홍보대사가 되게 만드는 과정이다.

1) 치유음식관광에 날개를 달아주는 디지털 마케팅의 힘

- **정밀 타겟팅**(Hyper-Targeting)**:** 디지털 마케팅은 '건강,' '유기농,' '요가,' '명상' 등에 관심을 보인 사용자나, 특정 웰니스 관련 웹사이트를 방문한 이력이 있는 사용자 등 우리의 핵심 고객이 될 가능성이 높은 사람들에게만 광고를 노출하는 정밀 타겟팅을 가능하게 한다. 이는 불필요한 광고 비용을 줄이고 마케팅 효율을 극대화한다.
- **데이터 기반 의사결정:** 전통적인 광고와 달리, 디지털 마케팅은 모든 활동의 성과를 측정할 수 있다. 몇 명이 광고를 보았고, 몇 명이 클릭했으며, 그중 몇 명이 실제 예약으로 이어졌는지 데이터를 통해 명확히 파악할 수 있다. 이를 통해 비효율적인 캠페인을 신속하게 중단하고, 성공적인 전략에 자원을 집중하는 데이터 기반의 의사결정이 가능하다.
- **양방향 소통과 관계 형성:** 디지털 플랫폼은 일방적인 정보 전달이 아닌, 고객과의 실시간 양방향 소통을 가능하게 한다. 댓글과 메시지를 통한 질의응답, 고객 후기

에 대한 감사 표시 등은 잠재 고객의 궁금증을 해소하고 브랜드에 대한 신뢰와 친밀감을 형성하는 중요한 활동이다.

2) 플랫폼별 소셜 미디어 활용 전략 및 사례

치유음식은 시각적으로 매력적이고, 이야기가 풍부하며, 커뮤니티 형성에 유리하여 소셜 미디어에 본질적으로 최적화된 콘텐츠이다. 각 플랫폼의 특성에 맞는 전략적 접근이 필요하다.

✣ **인스타그램:** '비주얼의 향연'을 펼치는 공간

- 전략: 음식의 아름다운 색감과 플레이팅을 강조한 고품질 사진, 셰프의 정성스러운 조리 과정을 담은 짧고 감각적인 영상(릴스), 프로그램의 전체적인 분위기를 보여주는 사진첩(캐러셀) 등을 활용한다. 또한, '#사찰음식,' '#제주웰니스' 등 직관적인 해시태그를 활용하여 검색 노출을 높이고, 고객들이 자신의 체험을 공유하도록 유도하는 해시태그 이벤트를 진행한다.
- 사례: 전 세계의 웰니스 리조트들은 인스타그램을 통해 목가적인 풍경 속에서 제공되는 아름다운 건강식 사진을 게시하여, 잠재 고객에게 '나도 저곳에 가고 싶다'는 강렬한 열망을 불러일으킨다.

✣ **유튜브:** '깊이 있는 이야기'를 전달하는 채널

- 전략: 10분 내외의 미니 다큐멘터리 형식으로 지역의 식재료나 음식 장인의 철학을 깊이 있게 조명하거나, 관광객이 참여하는 치유음식 프로그램을 '여행 브이로그(Vlog)' 형식으로 제작하여 생생한 체험 과정을 보여준다. 또한, '면역력 높이는 레시피' 등 유용한 정보를 담은 콘텐츠를 꾸준히 발행하여 채널의 전문성과 신뢰도를 높인다.
- 사례: 한 사찰에서는 주지 스님이 직접 사찰음식의 유래와 조리법을 알려주는 유튜브 채널을 운영하여, 불교 문화와 건강식에 관심 있는 국내외 구독자들과 소통하며 잠재적인 템플스테이 방문객을 확보한다.

✣ **페이스북:** '커뮤니티 구축'과 '정밀 광고'의 장

- 전략: ‘지중해식 식단을 사랑하는 사람들’과 같은 페이스북 그룹을 개설하여 관심사가 같은 사람들이 정보를 교류하고 소통하는 커뮤니티를 형성하며, 페이스북의 강력한 광고 시스템을 활용하여 특정 연령, 지역, 관심사를 가진 잠재 고객에게 맞춤형 광고를 노출시켜 단기 체험 프로그램 예약이나 특산물 온라인 판매를 촉진한다.
- 사례: 페루의 한 농업 관광 에이전시는 ‘슈퍼푸드 퀴노아’에 관심 있는 북미와 유럽의 페이스북 사용자들을 타겟으로 광고를 집행하고, 페이스북 페이지를 통해 예약까지 한 번에 이루어지게 하여 큰 성공을 거두었다.

✣ **블로그 및 인플루언서:** ‘신뢰도 높은 정보’의 확산

- 전략: 여행 및 건강 분야의 전문 블로거나 신뢰도 높은 인플루언서를 초청하여, 치유음식관광 프로그램을 깊이 있게 체험하고 작성한 진솔한 후기를 확산시킨다. 제3자의 객관적인 시선으로 작성된 콘텐츠는 직접적인 광고보다 소비자에게 높은 신뢰를 준다.
- 사례: 다수의 여행객들은 여행지 정보를 얻기 위해 트립어드바이저(TripAdvisor)나 네이버 블로그의 ‘내돈내산(내 돈 주고 내가 산)’ 후기를 가장 많이 참고하며, 이는 실제 방문 결정에 큰 영향을 미친다.

다음 표는 플랫폼별 특성에 맞는 전략적 접근을 요약한 것이다.

전략 영역	주요 활동 및 플랫폼	구체적 사례	기대 효과 및 목표
비주얼 콘텐츠	고품질 사진 및 영상 제작(인스타그램, 유튜브 숏츠)	먹음직스러운 음식 클로즈업, 아름다운 자연 속에서의 식사 풍경	시각적 매력을 통한 즉각적인 관심 유발, ‘가보고 싶은 곳’으로 저장 유도
참여형 콘텐츠	해시태그 이벤트, 쿠킹 챌린지, 후기 공모전(인스타그램, 페이스북)	‘#치유음식여행’ 해시태그 공유 캠페인	고객의 자발적 참여를 통한 바이럴 마케팅, 커뮤니티 활성화
인플루언서 협업	체험형 콘텐츠 제작 및 리뷰 확산(유튜브, 블로그)	건강・여행 전문 인플루언서 초청 팸투어	제3자를 통한 신뢰도 확보, 타겟 구독자에게 효과적 도달
스토리텔링 콘텐츠	음식의 역사, 철학, 인물 조명(유튜브 다큐, 블로그 심층 기사)	‘김치 명인의 하루,’ ‘사찰음식에 담긴 불교 철학’ 영상	콘텐츠의 깊이를 통한 감성적 연결, 브랜드 가치 제고
글로벌 홍보	다국어 콘텐츠 제작, 해외 플랫폼 활용(페이스북 광고, 틱톡)	외국인 대상 한국 치유음식 체험 영상 챌린지	해외 잠재 관광객 발굴, 글로벌 인지도 상승

3. 치유음식관광 목적지 홍보 및 이벤트 기획

훌륭한 치유음식관광 상품을 개발했다면, 다음 과제는 잠재적 관광객에게 그 가치를 효과적으로 알리고, '가고 싶은 곳'이라는 열망을 심어주며, 마침내 방문으로까지 이어지게 만드는 것이다. 이는 개별 상품의 마케팅을 넘어, 지역 전체를 하나의 매력적인 '치유음식관광 목적지'로 브랜딩하고, 그 브랜드의 가치를 생생하게 체험할 수 있는 이벤트를 기획하는 총체적인 과정이다. 성공적인 목적지 홍보와 이벤트는 지역에 활기를 불어넣고, 지속적인 관광객 유입을 창출하는 핵심 동력이다.

1) 목적지 정체성 구축을 위한 홍보 전략

목적지 홍보는 단순히 정보를 나열하는 것이 아니라, 지역의 고유한 정체성(Identity)을 구축하고 잠재 관광객의 마음속에 긍정적인 이미지를 각인시키는 활동이다.

- **통합 브랜드 아이덴티티**(BI) **구축:** 가장 먼저 '우리는 누구인가?'라는 질문에 답해야 한다. 지역의 핵심 치유음식 자원과 스토리를 바탕으로, 목적지의 비전과 가치를 담은 브랜드 콘셉트를 설정한다. 이를 바탕으로 '슬로시티 청산도,' '웰니스 허브 제주' 등과 같은 명확한 브랜드명을 정하고, 로고, 슬로건, 대표 색상, 서체 등 시각적 요소를 통일성 있게 개발하여 모든 홍보물에 일관되게 적용한다.
- **통합 마케팅 커뮤니케이션**(IMC) **전개:** 구축된 브랜드 아이덴티티는 모든 채널을 통해 일관된 목소리로 전달되어야 한다.
  - Owned Media(기업이 직접 소유하고 관리하는 미디어 채널): 공식 홈페이지, 블로그, 소셜 미디어 계정을 통해 브랜드의 핵심 스토리와 정보를 깊이 있게 전달한다.

• Paid Media(광고 비용을 지불하고 특정 미디어 채널에 광고를 노출시키는 것): 정밀 타겟팅이 가능한 디지털 광고, 여행 전문지 기획 기사 등을 통해 새로운 고객에게 도달한다.

• Earned Media(기업이 직접 비용을 지불하지 않고, 제3자〈소비자, 언론, 인플루언서 등〉에 의해 자발적으로 생성되고 퍼지는 홍보 콘텐츠를 의미): 언론 보도, 여행객의 긍정적인 리뷰와 SNS 공유 등 제3자를 통한 신뢰도 높은 입소문을 창출한다. 이 세 가지 미디어가 유기적으로 연동될 때 홍보 효과는 극대화된다.

✣ **글로벌 시장을 향한 전략적 접근:** 해외 관광객 유치를 위해서는 '그들의 언어'로 소통해야 한다. 단순히 홍보물을 번역하는 것을 넘어, 목표 국가의 문화적 배경과 여행 트렌드를 고려한 맞춤형 콘텐츠를 제작해야 한다. 예를 들어, 채식 문화가 발달한 서구권에는 사찰음식의 매력을, 보양 문화에 익숙한 중화권에는 약선 음식의 가치를 강조하는 식이다. 해외 유명 웰니스 박람회 참가나 현지 인플루언서와의 협업도 필수적이다.

2) 브랜드 가치를 체험하는 이벤트 기획

이벤트는 목적지의 브랜드 가치를 방문객들이 직접 오감으로 체험하고 즐기는 '축제의 장'이다. 잘 기획된 이벤트는 그 자체로 강력한 관광 유인책이 되며, 지역에 대한 긍정적인 기억을 심어준다.

✣ **시그니처 축제**(Signature Festival) **기획:** 지역을 대표하는 단 하나의 강력한 축제를 집중적으로 육성하는 전략이다. '보령 머드 축제'처럼, 지역의 특산물을 활용하여 전 국민, 나아가 전 세계인이 즐길 수 있는 독창적이고 역동적인 프로그램을 개발한다. 요리 경연대회, 명인 시연, 대규모 시식회, 관련 상품 마켓, 문화 공연 등을 결합하여 축제를 풍성하게 구성한다.

✣ **상시 체험형 프로그램 운영:** 대규모 축제 외에도, 연중 꾸준히 방문객을 유치할 수 있는 소규모 상시 체험 프로그램이 필요하다. '주말 농장 쿠킹클래스,' '전통주 양조장 투어 및 시음회,' '어린이 건강 간식 만들기 교실' 등은 방문객에게 깊이 있는 경

험을 제공하고, 지역 주민에게는 안정적인 소득을 보장한다.

- **융복합 웰니스 이벤트:** 치유음식을 다른 웰니스 활동과 결합하여 상품의 가치를 높인다. '요가와 함께하는 브런치,' '명상과 사찰음식,' '해변 필라테스와 디톡스 주스' 등은 건강과 휴식에 대한 관심이 높은 특정 고객층에게 매우 매력적인 프로그램이다.
- **방문객 참여 유도 및 확산:** 현대의 이벤트는 방문객이 수동적인 관람객이 아닌, '참여하는 주인공'이 되기를 요구한다. '나만의 비빔밥 만들기 콘테스트,' '#치유음식여행 SNS 인증샷 이벤트' 등은 방문객의 즐거움을 배가시키고, 이들이 직접 콘텐츠를 생산하고 확산시키는 바이럴 마케팅의 기폭제가 된다.

3) 성공적인 목적지 브랜딩 및 이벤트 사례

- **브랜딩**(이탈리아 토스카나 '아그리투리스모〈Agriturismo〉'): 토스카나는 '농가 민박에서 즐기는 전원생활과 슬로푸드'라는 명확한 브랜드 이미지를 구축했다. 개별 농가들이 각자의 매력을 온라인 플랫폼과 블로그를 통해 진솔하게 알렸고, 이것이 모여 '토스카나에 가면 진짜 이탈리아의 삶을 맛볼 수 있다'는 강력한 지역 브랜드로 자리 잡았다.
- **이벤트**(스페인 부뇰 '라 토마티나〈La Tomatina〉'): 상품 가치가 없는 토마토를 던지고 즐기는 이 지역 축제는, '세상에서 가장 즐거운 음식 싸움'이라는 독특한 콘셉트로 전 세계 관광객을 끌어 모으는 세계적인 이벤트가 되었다. 이는 지역의 자원을 역발상을 통해 성공적인 관광 상품으로 만든 대표적인 사례이다.

다음 표는 치유음식관광 목적지 홍보 및 이벤트 사례를 요약한 것이다.

구분	주요 활동 및 전략	기대 효과	대표 사례
목적지 브랜드화	핵심가치 기반 BI 개발, 통합적 이미지 관리	목적지의 명확한 정체성 확립, 인지도 및 선호도 상승	'슬로시티' 인증, '미식 창의 도시' 지정
다채널 홍보	온·오프라인 IMC 전략, 글로벌 맞춤형 콘텐츠	잠재 관광객 대상 정보 접근성 강화, 효과적 메시지 전달	지자체 다국어 관광 홈페이지, 소셜 미디어 홍보관

체험형 이벤트	조리·수확·만들기 등 상시 체험 프로그램 운영	관광객의 능동적 참여 유도, 체류 기간 및 만족도 증대	양조장 투어, 치즈 만들기 체험, 팜스테이
축제형 이벤트	지역 대표 시그니처 축제 육성, 대규모 집객 유도	지역의 문화 역량 과시, 단기간 경제 효과 극대화	프랑스 보르도 와인 축제, 태국 송크란 축제
참여형 캠페인	SNS 해시태그 이벤트, UCC 공모전, 온라인 챌린지	방문객의 자발적 홍보(UGC) 유도, 디지털 바이럴 확산	'#먹스타그램,' '#여행에미치다' 등 SNS 캠페인

6장

THE THEORY OF HEALING FOOD AND TOURISM

치유음식과 지속가능한 관광

1. 지속가능한 관광 개념과 치유음식관광의 연계성

관광산업은 종종 역설적인 상황에 직면한다. 관광객들은 아름다운 자연과 고유한 문화를 찾아 떠나지만, 관광객이 몰려들수록 그 자연과 문화가 훼손될 위험 또한 커지기 때문이다. 이러한 '관광의 역설'에 대한 깊은 성찰 속에서 등장한 개념이 바로 '지속가능한 관광(Sustainable Tourism)'이다. 이는 단순히 현재 세대의 즐거움을 위해 미래 세대의 자원을 고갈시키는 관광이 아니라, 환경과 사회, 경제가 조화로운 균형을 이루며 장기적으로 존속 가능한 관광을 만들자는 전 지구적인 약속이다. 흥미롭게도, 치유음식관광은 그 본질적인 속성상 이러한 지속가능한 관광의 철학과 가장 자연스럽게 맞닿아 있다. 진정한 '치유'는 여행객 개인의 몸과 마음에만 국한되는 것이 아니라, 그를 둘러싼 지역사회와 자연환경의 건강까지 포함해야 하기 때문이다.

1) 지속가능한 관광의 세 가지 핵심 요소: 'Triple Bottom Line'

지속가능한 관광은 다음의 세 가지 핵심 요소가 균형을 이룰 때 실현될 수 있다. 이는 흔히 '사람, 환경, 이익(People, Planet, Profit)'이라는 트리플 보텀 라인(Triple Bottom Line)으로 설명된다.

- **환경적 지속성**(Planet): 관광 개발과 활동으로 인한 환경 파괴를 최소화하고, 지역의 생태계를 보존하며, 자원을 효율적으로 사용하는 것을 의미한다. 탄소 배출량 저감, 쓰레기 감축, 생물다양성 보호 등이 주요 과제이다. 이는 단순히 '덜 해롭게 하는 것'을 넘어, 관광 활동이 오히려 환경 보전에 기여하는 '재생 관광(Regenerative Tourism)'으로까지 발전하고 있다.
- **사회·문화적 지속성**(People): 관광이 지역 주민의 삶의 질을 향상시키고, 그들의 고

유한 문화를 존중하며, 공동체의 안녕에 기여해야 함을 의미한다. 관광으로 인한 이익이 지역 주민에게 공정하게 분배되고, 그들이 관광 개발 과정에 주체적으로 참여할 수 있는 권리를 보장하는 것이 핵심이다. 이는 지역 문화가 상업적인 구경거리로 전락하는 것을 막고, 그 진정성을 지키는 길이기도 하다.

❖ **경제적 지속성**(Profit): 관광을 통해 창출된 경제적 이익이 대기업이나 외부 자본으로 유출되지 않고, 지역사회 내에서 순환하며 장기적으로 안정적인 소득과 일자리를 창출해야 함을 의미한다. 이는 지역 경제의 자생력을 키우고, 외부 충격에도 쉽게 흔들리지 않는 건강한 경제 구조를 만드는 것을 목표로 한다.

2) 치유음식관광: 지속가능성을 실현하는 가장 맛있는 방법

치유음식관광은 그 철학과 실천 방식에 있어 지속가능한 관광의 세 가지 핵심 요소와 자연스럽게 연결된다.

❖ **환경을 치유하다**(환경적 연계성): 치유음식은 기본적으로 가공을 최소화하고, 자연 그대로의 신선한 식재료를 사용하는 것을 지향한다.

- 푸드 마일리지 감소: 지역에서 생산된 제철 식재료(로컬푸드)를 사용하는 것은, 식재료 운송 과정에서 발생하는 탄소 배출량을 획기적으로 줄이는 가장 효과적인 방법이다.
- 지속가능한 농업 지원: 유기농, 자연농법 등 환경친화적인 방식으로 재배된 식재료를 우선시하는 것은 지역의 토양과 수질, 생태계 보전에 직접적으로 기여한다.
- 식물 기반 식단의 확대: 사찰음식 등 채식 중심의 치유음식은 육류 생산 과정에 비해 훨씬 적은 양의 온실가스를 배출하는 대표적인 저탄소 식단이다.

❖ **문화를 치유하다**(사회 · 문화적 연계성): 치유음식은 지역의 역사와 문화가 응축된 '살아있는 무형문화유산'이다.

- 전통의 계승: 치유음식관광은 잊혀가는 전통 조리법, 토종 씨앗, 고유한 식문화 등을 보존하고 다음 세대로 계승할 강력한 경제적 동기를 부여한다.
- 주민의 자긍심 고취: 지역의 할머니가 가진 손맛이 '명인의 기술'로 존중받고, 농

부가 '치유 식재료 전문가'로 대우받을 때, 지역 주민들은 자신들의 문화에 대한 자부심을 느끼고 관광 활동에 더욱 주체적으로 참여하게 된다.

✣ **지역 경제를 치유하다**(경제적 연계성): 치유음식관광은 지역 내 다양한 산업을 연결하여 경제적 이익이 지역 내에서 순환하는 선순환 구조를 만든다.

- 지역 내 가치사슬 강화: 관광객이 치유음식에 지불한 돈은 식당을 넘어, 식재료를 공급한 농부와 어부, 가공품을 만든 소상공인, 체험 프로그램을 진행한 주민에게까지 흘러 들어간다. 이는 외부 자본에 대한 의존도를 낮추고 지역 경제의 자생력을 키우는 핵심적인 메커니즘이다.

다음 표는 치유음식관광의 지속가능성을 위한 연계 방식 및 역할을 요약한 것이다.

지속가능성 영역	치유음식관광의 연계 방식 및 역할	대표적인 사례 및 활동
환경적 지속성 (Planet)	로컬푸드·제철음식 소비를 통한 푸드 마일리지 감소, 친환경 농법 지원, 음식물 쓰레기 저감, 저탄소 채식 식단 확대	팜투테이블(Farm-to-Table) 레스토랑, 제로웨이스트(Zero-waste) 쿠킹클래스, 비건 템플스테이
사회·문화적 지속성 (People)	전통 식문화 및 토종 식재료 보존, 지역 주민의 주체적 참여와 역할 부여, 진정한 문화 교류의 장 마련	종가음식 체험, 슬로푸드 국제 페스티벌, 어촌계에서 운영하는 해산물 식당
경제적 지속성 (Profit)	1·2·3차 산업 연계를 통한 6차 산업화, 지역 내 경제 선순환 구조 구축, 고부가가치 웰니스 시장 창출	농촌 치유마을, 로컬푸드 직매장, 지역 특산물 가공품 개발 및 판매

2. 지속가능한 식재료 생산과 친환경 관광 활동

치유음식관광이 내세우는 '치유'와 '건강'이라는 약속은, 그 음식이 생산되고 소비되는 전 과정이 환경적으로 건전하고 윤리적일 때 비로소 진정성을 얻는다. 만약 식재료를 생산하는 과정에서 땅과 바다가 오염되고, 관광 활동 중에 수많은 쓰레기가 발생한다면, 그것은 결코 진정한 의미의 치유가 될 수 없다. 따라서 지속가능한 식재료 생산 방식의 확립과 관광 활동 전반에 걸친 친환경적 실천은, 지속가능한 치유음식관광을 위한 가장 근본적인 전제 조건이다.

1) '좋은 음식은 좋은 땅에서': 지속가능한 식재료 생산

모든 음식의 근원은 땅과 바다, 즉 자연이다. 자연을 착취하는 방식으로는 결코 건강한 식재료를 얻을 수 없다. 지속가능한 식재료 생산은 자연과 공생하며, 그 건강성을 미래 세대까지 이어가는 것을 목표로 한다.

- **지역 순환 농업과 푸드 마일리지 최소화:** 지역에서 생산된 식재료를 그 지역에서 소비하는 '로컬푸드(Local Food)' 시스템은 식재료가 생산지에서 소비자의 식탁까지 이동하는 거리, 즉 '푸드 마일리지(Food Mileage)'를 획기적으로 줄인다. 이는 운송 과정에서 발생하는 막대한 양의 탄소 배출을 저감하는 가장 효과적인 방법이다. 나아가, 관광객에게 제공한 음식에서 나온 찌꺼기를 퇴비로 만들어 지역 농가에 공급하는 '지역 순환 농업'은 쓰레기를 자원으로 바꾸는 이상적인 모델이다.
- **생태계를 살리는 친환경 재배 방식:** 화학 비료와 농약, 제초제에 의존하는 관행 농업은 당장의 생산성을 높일 수는 있으나, 장기적으로는 토양을 황폐화시키고 수질을 오염시킨다. 반면, 유기농, 무농약, 자연농법 등 친환경 재배 방식은 땅의 힘을

길러 식재료 본연의 맛과 영양을 높이고, 지역 생태계의 건강성을 지킨다. 특히, 산업화 과정에서 사라져가는 '토종 씨앗'을 보존하고 재배하는 농가를 지원하는 것은 우리 식문화의 근간인 생물다양성을 지키는 중요한 활동이다.

- **책임감 있는 채취와 관리:** 산나물, 버섯, 약초, 해조류 등 자연에서 얻는 임산물과 수산물은 무분별하게 채취할 경우 순식간에 고갈될 수 있다. 따라서 채취 시기와 양을 엄격히 관리하고, 특정 구역을 휴식년제로 지정하는 등 생태계가 스스로 회복할 시간을 보장해주는 '책임감 있는 생산 관리' 체계가 반드시 필요하다.

2) '지구를 치유하는 여행': 친환경 관광 활동의 실천

관광객의 활동 하나하나가 모여 목적지의 환경에 큰 영향을 미친다. 친환경 관광 활동은 관광객에게 불편을 강요하는 것이 아니라, '가치 있는 경험'을 통해 자연스럽게 지속가능성을 실천하도록 유도하는 것이다.

- **제로 웨이스트**(Zero-Waste)**를 향한 노력:** 음식물 쓰레기는 관광지에서 발생하는 가장 큰 환경 문제 중 하나이다. 이를 해결하기 위해, (공급자 측면) 식당에서는 예약 인원에 맞춰 소량씩 조리하고, 식재료의 뿌리부터 껍질까지 모두 활용하는 '제로 웨이스트 조리법'을 개발한다. (소비자 측면) 관광객에게는 먹을 만큼만 덜어 먹는 문화를 장려하고, 다회용 용기나 텀블러를 가져올 경우 할인 혜택을 제공하는 등의 캠페인을 진행할 수 있다. 또한, 일회용품 대신 재활용 가능한 포장재나 자연 분해되는 용기를 사용하는 것은 기본이다.
- **로컬푸드 관광의 활성화:** 지역 농민들이 직접 자신의 생산품을 판매하는 '파머스 마켓(Farmer's Market)'이나 '로컬푸드 직매장'을 주요 관광 코스로 개발할 수 있다. 관광객은 이곳에서 가장 신선한 제철 식재료를 맛보고 구매하며, 생산자와 직접 교류하는 즐거움을 느낄 수 있다. 이는 운송 에너지를 절약하는 동시에, 지역 경제 활성화에도 직접적으로 기여한다.
- **에코 투어**(Eco-tour)**와의 시너지:** 치유음식 프로그램을 다른 친환경 관광 활동과 결합하면 그 의미와 가치가 배가된다. 예를 들어, 숲 해설가와 함께하는 숲길 트레킹

후, 숲의 기운을 담은 산채 비빔밥을 먹는 경험은 단순한 식사를 넘어 숲과 내가 하나 되는 치유의 경험을 선사한다. 갯벌 생태 체험 후, 그 갯벌에서 잡은 조개로 끓인 칼국수를 먹는 것 또한 마찬가지이다.

다음 표는 지속가능한 치유음식관광 프로그램의 주요 내용 및 실천 방안을 요약한 것이다.

영역	주요 내용 및 실천 방안	기대 효과	대표적인 사례 및 활동
지속가능한 식재료 생산	지역 순환 농업(로컬푸드), 유기농·자연농법 등 친환경 재배, 토종 씨앗 보존, 책임감 있는 채취	건강하고 안전한 식재료 확보, 토양·수질 등 생태계 보전, 생물다양성 증진	이탈리아의 슬로푸드 운동, 강원도 유기농 산채 재배 단지, 완도 해조류 양식장 관리
친환경 관광 활동	제로 웨이스트 조리 및 캠페인, 다회용기 사용, 파머스 마켓 활성화, 에코 투어와의 융복합	음식물 쓰레기 및 탄소 배출량 감축, 관광객의 환경 인식 제고	팜투테이블 레스토랑, 로컬푸드 직매장 투어, 제주 올레길 걷기와 연계한 건강 도시락
문화 확산 및 교육	지속가능한 식문화 교육, 전통 지혜의 재발견, 친환경 소비 캠페인	지역의 친환경 브랜드 이미지 강화, 책임감 있는 관광 문화 정착	'슬로푸드 국제 페스티벌,' '지구를 위한 한 시간' 소등 캠페인 참여 레스토랑

3. 지역사회와의 협력을 통한 지속가능한 치유음식관광 모델

지속가능한 관광은 외부의 전문가나 자본이 위에서부터 이식하는 방식으로는 결코 뿌리내릴 수 없다. 그것은 반드시 그 땅에 발을 딛고 살아가는 지역사회의 참여와 주도 속에서, 안으로부터 피어나는 방식으로 이루어져야 한다. 특히 지역의 고유한 손맛과 이야기, 그리고 정(情)이 핵심 자산인 치유음식관광의 경우, 지역사회의 협력은 선택이 아닌 생존과 성공의 필수 전제 조건이다. 지역 주민이 관광의 객체가 아닌 주체로 바로 설 때, 관광객은 가장 진정성 있는 치유를 경험할 수 있으며, 관광으로 인한 이익이 지역 전체에 골고루 퍼지는 선순환이 시작된다.

1) 왜 지역사회와의 협력이 필수적인가?

- **진정성의 확보와 수호:** 관광객들이 찾는 '진짜' 현지의 맛과 이야기는 지역 주민들의 삶 속에 살아 숨 쉬고 있다. 할머니의 손끝에서 대대로 내려오는 장맛, 그 지역에서만 쓰이는 독특한 식재료의 활용법 등은 외부인이 결코 흉내 낼 수 없는 진정성의 원천이다. 지역 주민의 자발적인 참여 없이는, 모든 치유음식관광 상품은 겉모습만 그럴싸한 모조품으로 전락할 위험이 있다.
- **주인의식과 책임감 있는 운영:** 주민들이 직접 프로그램을 기획하고 운영할 때, 그들은 '내 사업, 내 마을'이라는 주인의식을 갖게 된다. 이는 더 높은 수준의 서비스와 책임감 있는 운영으로 이어진다. 관광객을 단순히 돈벌이의 대상으로 보는 것이 아니라, 우리 마을을 찾아온 귀한 손님으로 대하게 되며, 이는 관광객의 만족도를 극대화한다.
- **경제적 이익의 지역 내 환류:** 주민 주도형 모델에서는 관광으로 발생한 수익이 지

역 주민에게 직접 돌아간다. 이는 주민들의 실질적인 소득 증대로 이어져 삶의 질을 향상시키고, 청년들이 도시로 떠나지 않고도 지역에 남아 살아갈 수 있는 기반을 마련해준다. 이는 '지속가능한 경제'의 가장 중요한 목표이다.

- **사회적 자본의 축적:** 하나의 관광 상품을 만들기 위해 주민들이 함께 머리를 맞대고, 의견을 조율하며, 역할을 분담하는 과정 그 자체가 훌륭한 공동체 활동이다. 이 과정에서 주민들 간의 신뢰와 유대가 깊어지고, 마을의 문제를 함께 해결해 나가는 '사회적 자본(Social Capital)'이 축적된다.

2) 상생을 위한 협력 생태계 구축

지속가능한 치유음식관광 모델은 어느 한 주체의 노력만으로는 만들어지지 않는다. 지역 주민, 지자체, 민간 부문, 그리고 관광객이 각자의 위치에서 유기적으로 역할을 수행하는 '협력 생태계'가 구축되어야 한다.

- **지역 주민**(콘텐츠의 심장)**:** 마을기업, 협동조합, 부녀회 등 공동체 조직을 구성하여 관광 사업의 운영 주체로 나선다. 자신들이 가진 고유한 지식과 기술(전통 조리법, 식재료 재배 노하우 등)을 핵심 콘텐츠로 제공한다.
- **지방자치단체**(성장의 발판)**:** 지자체는 직접 사업을 운영하기보다, 주민들이 잘 해낼 수 있도록 '판을 깔아주는' 지원자 역할을 해야 한다. 낙후된 시설 개선, 안내판 설치 등 인프라를 구축하고, 주민들을 대상으로 서비스, 위생, 마케팅, 외국어 등 역량 강화 교육을 지원하며, 개발된 상품을 공식 채널을 통해 홍보해주는 역할을 수행한다.
- **민간 부문**(성장의 다리)**:** 지역 내외의 민간 기업 및 단체는 주민 공동체가 가지지 못한 전문성과 네트워크를 제공하는 파트너가 될 수 있다. 여행사는 주민들이 만든 체험 상품을 전국적인 유통망을 통해 판매해주고, 식품 대기업은 지역 특산물을 활용한 HMR(가정간편식) 상품을 공동 개발하여 판로를 개척해줄 수 있다. 대학의 관련 학과는 전문 지식을 자문해주고, 학생들은 인턴십을 통해 실무를 지원할 수 있다.
- **관광객**(성장의 동반자)**:** 관광객은 단순한 소비자를 넘어, 프로그램의 가치를 높이는 동반자가 될 수 있다. 체험에 존중하는 태도로 참여하고, 프로그램이 끝난 후에는

진심 어린 피드백을 제공하여 서비스 품질 개선에 기여하며, 자신의 긍정적인 경험을 SNS 등을 통해 널리 알리는 홍보대사 역할을 한다.

3) 협력을 통한 성공 모델 사례

- **주민+행정:** 전북 완주 로컬푸드 협동조합: 완주군은 로컬푸드 직매장과 레스토랑 건립을 지원하고, 농민들은 협동조합을 결성하여 신선하고 안전한 농산물을 생산·공급한다. 관광객들은 직매장에서 장을 보고, 레스토랑에서 건강한 식사를 하며, 농가 체험까지 즐긴다. 생산자와 소비자가 직접 연결되고, 수익이 지역 농가에 직접 돌아가는 대표적인 지역 순환 경제 모델이다.
- **주민+민간:** 이탈리아 알베르고 디푸조(Albergo Diffuso): 인구 감소로 비어가는 작은 산골 마을의 빈집들을 개조하여 마을 전체를 하나의 호텔처럼 운영하는 모델이다. 중앙의 리셉션과 식당을 중심으로, 관광객들은 마을의 여러 집에 흩어져 묵는다. 마을 할머니들이 함께 운영하는 식당에서는 지역 식재료로 만든 가정식을 맛볼 수 있으며, 이는 노인들에게 새로운 일자리와 삶의 활력을 제공한다.

다음 표는 지역사회와의 협력을 통한 치유음식관광문화 발전 모델을 요약한 것이다.

협력 주체	핵심 역할	기대 효과	구체적인 협력 방안
지역 주민	콘텐츠 제공 및 운영의 주체	소득 증대, 자긍심 고취, 전통 계승	마을기업 / 협동조합 설립, 체험 프로그램 기획 및 운영
지방자치단체	인프라 구축 및 행정·재정적 지원	제도적 안정성 확보, 사업 초기 리스크 감소	역량강화 교육 지원, 홍보·마케팅 대행, 조례 제정
민간 부문	전문성(기술, 마케팅) 및 네트워크 제공	시장 접근성 확대, 상품 경쟁력 강화	여행사와의 상품 공동 개발, 기업의 사회공헌(CSR) 연계
관광객	존중하는 태도로 참여, 피드백 및 홍보	서비스 품질 향상, 지속적인 관계 형성	공정여행 캠페인 참여, 온라인 커뮤니티 활동, 후기 작성

7장

THE THEORY OF HEALING FOOD AND TOURISM

치유음식관광과 문화교류

1. 다문화 음식과 치유음식의 상호작용

과거의 음식 문화가 각자의 지역 안에서 비교적 독립적으로 발전해왔다면, 21세기의 음식 문화는 전 지구적인 '교류'와 '융합'을 통해 역동적으로 진화하고 있다. 세계화는 사람과 물자의 이동을 가속화했고, 이는 전례 없는 '음식의 대교류 시대'를 열었다. 이러한 흐름 속에서, '건강'과 '웰빙'이라는 인류 보편의 가치를 지닌 치유음식은 다양한 문화권의 음식과 만나 서로의 장점을 흡수하며 새로운 가능성을 창출하는 촉매제 역할을 하고 있다. 이는 전통의 위협이 아니라, 오히려 전통을 더욱 풍부하고 창의적으로 만드는 진화의 과정이다.

1) 상호작용의 주요 양상: 재료, 기법, 철학의 교차

다문화 음식과 치유음식의 상호작용은 크게 세 가지 차원에서 이루어진다.

- **재료의 교류**(The Global Pantry): 과거 특정 지역의 특산물이었던 식재료가 이제는 전 세계의 식탁에 오르는 '글로벌 식재료'가 되었다. 안데스 산맥의 퀴노아가 뉴욕의 샐러드 가게에, 한국의 고추장이 캘리포니아의 타코 트럭에, 지중해의 올리브유가 도쿄의 가정집에 있는 것은 더 이상 낯선 풍경이 아니다. 특히 '슈퍼푸드'에 대한 세계적인 관심은 강황, 녹차, 아사이베리, 모링가 등 각 지역의 건강 식재료 교류를 더욱 가속화하고 있다.
- **조리법의 융합**(The Modern Technique): 서로 다른 문화권의 조리 기법이 만나 새로운 시너지를 창출한다. 이는 단순히 두 가지 음식을 섞는 어색한 '퓨전'이 아니라, 한 문화의 기술을 통해 다른 문화의 식재료가 가진 잠재력을 최대한 끌어내는 '창의적 재해석'에 가깝다. 예를 들어, 프랑스의 저온 조리법인 '수비드(Sous-vide)'로 한

국의 돼지고기를 부드럽게 익혀내거나, 일본의 '튀김(덴푸라)' 기술로 이탈리아의 호박꽃을 튀기는 것 등이 그것이다.

- **음식 철학의 공유**(The Common Philosophy): '음식으로 몸을 이롭게 한다'는 치유의 철학은 국경을 넘어 깊은 공감대를 형성한다. 서양의 과학적 영양학(비타민, 단백질 등 성분 분석)과 동양의 통합적 건강관(음양오행, 체질 등)이 서로의 장점을 배우고 있으며, 불교의 '마음챙김 식사' 개념이 서구의 심리학 및 스트레스 관리 프로그램에 적극적으로 도입되는 것이 대표적인 예이다.

2) 시너지의 구체적 사례: 경계를 넘나드는 치유의 맛

[사례 1] 세계인의 입맛을 사로잡은 K-발효과학: 김치와 고추장

서구권에서 '장 건강(Gut Health)'과 '프로바이오틱스'에 대한 과학적 관심이 높아지면서, 한국의 김치는 단순한 반찬을 넘어 대표적인 '기능성 식품'으로 재조명받고 있다. 김치는 이제 피자, 햄버거, 타코 등 세계인의 음식에 독특한 풍미와 건강 기능을 더하는 식재료로 활용된다. 또한, 고추장의 '맵고, 달고, 짭짤한' 복합적인 감칠맛은 세계의 셰프들에게 새로운 영감의 원천이 되고 있다.

[사례 2] 지중해와 아시아의 건강한 만남: 올리브유와 약선

심혈관 건강에 좋은 지중해식 식단의 핵심인 올리브유와 신선한 해산물이, 항염 및 면역 강화 효과가 뛰어난 아시아의 약재(인삼, 생강, 강황 등)와 만나는 퓨전 요리가 각광받고 있다. 예를 들어, 올리브유에 마늘과 강황을 볶아 향을 낸 뒤, 신선한 새우와 채소를 볶아내는 요리는 맛과 건강, 그리고 동서양의 지혜를 모두 담은 훌륭한 치유음식이 된다.

[사례 3] 카페 문화를 바꾼 인도의 지혜: 골든 라떼(강황 라떼)

인도의 아유르베다에서 수천 년간 강력한 항염제로 사용되어 온 강황(Turmeric)이 서구의 웰니스 및 카페 문화와 만나 '골든 라떼'라는 새로운 메뉴로 재탄생했다. 이는 전통적인 치유 식재료를 현대인에게 친숙한 '라떼'라는 형태로 재해석하여, 건강과 트렌드를 동시에 잡은 성공적인 문화 융합 사례이다.

3) 치유음식관광에 미치는 긍정적 영향

- **관광객 경험의 확장:** 다문화 융합 치유음식은 관광객에게 '익숙함 속의 새로움'을 선사한다. 관광객은 완전히 낯선 음식을 접하는 것에 대한 두려움 없이, 새로운 맛과 건강의 가치를 안전하게 경험할 수 있다. 이는 특히 음식에 보수적인 경향이 있는 관광객층을 유인하는 데 효과적이다.
- **관광 콘텐츠의 혁신과 차별화:** 지역의 셰프와 관광 기획자들은 글로벌 음식 문화를 창의적으로 재해석하여, 다른 지역에서는 결코 맛볼 수 없는 독창적인 '시그니처 메뉴'와 '체험 프로그램'을 개발할 수 있다. 이는 관광 목적지의 매력도를 높이고, 재방문을 유도하는 핵심적인 차별화 포인트가 된다.
- **문화적 포용성과 개방성의 상징:** 다양한 음식 문화를 존중하고, 이를 창의적으로 융합하려는 노력은 그 지역사회가 외부 세계에 대해 얼마나 개방적이고 포용적인지를 보여주는 상징이 된다. 이는 국제 관광객들에게 '환대받고 있다'는 긍정적인 인상을 심어주며, 지역의 국제적 위상을 높이는 데 기여한다.

다음 표는 다문화음식과 치유음식의 상호작용 유형을 요약한 것이다.

상호작용 유형	특징 및 내용	대표적인 사례	기대 효과 및 시사점
재료의 교류	한 지역의 치유 식재료가 다른 문화권으로 전파 및 활용	페루의 퀴노아, 한국의 김치, 인도의 강황의 세계화	새로운 시장 창출 및 소비층 확대, 식재료의 가치 재발견
조리법의 융합	전통 조리법에 현대적·외국적 조리 기법을 접목	수비드 기법을 활용한 갈비찜, 튀김 기법을 활용한 인삼 요리	음식의 맛과 식감 개선, 현대적 감각을 통한 젊은 층 공략
철학의 공유	동서양의 건강 철학이 만나 새로운 웰빙 트렌드 형성	서양의 디톡스 프로그램에 동양의 명상·요가 원리 결합	건강에 대한 통합적 접근, 문화적 공감대를 통한 시장 확대

2. 문화교류를 통한 이해와 인류학적 관점

프랑스의 인류학자 클로드 레비스트로스(Claude Lévi-Strauss)는 “음식은 먹기 위한 것이기도 하지만, 생각하기 위한 것이기도 하다”라고 말했다. 이 말처럼, 음식은 단순한 생존 수단을 넘어, 한 사회의 구조와 가치, 그리고 세계관을 담아내는 가장 깊고 본질적인 문화 체계이다. 따라서 치유음식관광은 단지 건강한 음식을 맛보는 행위를 넘어, 음식을 통해 타 문화를 깊이 이해하고, 나아가 인간과 사회의 관계를 탐구하는 ‘응용 인류학(Applied Anthropology)’의 장이 될 수 있다. 관광객은 음식을 통해 낯선 문화의 가장 내밀한 부분과 만나고, 그 과정에서 자신의 문화 또한 새로운 시각으로 성찰하게 된다.

1) 음식과 정체성: ‘무엇을 먹는가’는 ‘나는 누구인가’의 문제

음식은 개인과 집단의 정체성을 형성하고 표현하는 가장 강력한 수단 중 하나이다. 우리가 매일 먹는 음식은 우리의 국적, 종교, 사회적 지위, 그리고 가치관을 드러낸다.

- **국가적 · 민족적 정체성:** 김치 없는 식사를 상상하기 어려운 한국인, 바게트와 와인을 즐기는 프랑스인처럼, 특정 음식은 한 국가나 민족의 상징이 된다. 이 음식을 먹는 행위는 그 공동체의 일원임을 확인하는 과정이며, 해외에 거주하는 이들에게는 고향에 대한 그리움을 달래는 향수(Nostalgia)의 매개가 된다.
- **종교적 정체성:** 음식 규율은 종교적 정체성을 드러내는 핵심적인 요소이다. 유대교의 ‘코셔(Kosher)’나 이슬람의 ‘할랄(Halal)’은 단순한 음식 규칙이 아니라, 신과의 약속이자 신성함을 지키려는 일상의 실천이다. 불교의 채식주의나 힌두교에서 소를 신성시하는 것 또한 그들의 세계관이 음식 문화에 깊이 반영된 결과이다. 관광객이 할랄 인증 식당에서 식사하는 것은 이슬람 문화의 핵심 가치를 존중하고 이해하는

행위이다.

❖ **치유음식과 가치관:** 어떤 음식을 '치유음식'으로 여기는가 하는 문제 역시 그 사회의 가치관을 보여준다. 자연과의 조화를 중시하는 문화에서는 제철 채소와 나물을, 기력 보충을 중시하는 문화에서는 고기나 장어 요리를, 과학적 합리성을 중시하는 문화에서는 영양 성분이 분석된 슈퍼푸드를 치유음식으로 여길 것이다.

2) 식탁 위의 문화 교류: '함께 먹기'를 통한 상호 이해

인류학에서 '공동식사(Commensality)'는 신뢰를 형성하고 사회적 관계를 맺는 가장 근본적인 행위로 여겨진다. 낯선 사람과 식사를 함께 나누는 순간, 경계심은 허물어지고 인간적인 유대가 싹튼다.

❖ **편견을 넘어서는 가장 맛있는 방법:** 음식은 때로 백 마디 말보다 더 효과적으로 문화적 편견을 극복하게 한다. 특정 문화에 대해 막연한 거리감을 느끼던 사람도, 그 문화권의 사람이 정성껏 차려준 음식을 대접받고 함께 즐기는 경험을 통해 마음의 문을 열게 된다. 음식은 가장 부드럽고 즐거운 방식의 외교관이다.

❖ **다름 속에서 '공통의 가치' 발견:** 한국의 약선 요리는 '음식으로 병을 다스린다'는 철학을, 이탈리아의 슬로푸드 운동은 '지역의 전통 식재료를 지키고 음식의 즐거움을 되찾자'는 가치를 담고 있다. 표현 방식은 다르지만, 그 근저에는 '자연을 존중하고 건강한 삶을 추구한다'는 인류의 보편적인 가치가 깔려 있다. 치유음식관광은 이처럼 서로 다른 문화 속에서 공통의 가치를 발견하고 인류애를 느끼게 하는 계기가 된다.

3) 인류학적 렌즈로 본 치유음식의 다층적 의미

치유음식은 인류학적 관점에서 볼 때, 단순히 먹는 행위를 넘어 복합적인 사회적 · 상징적 기능을 수행한다.

❖ **사회적 기능**(Social Function)**:** 치유음식은 공동체의 안녕과 결속을 다지는 역할을

한다. 아이를 낳은 산모에게 미역국을 끓여주는 풍습, 병문안 시 죽이나 과일을 가져가는 문화는 아픈 사람을 함께 돌보는 사회적 연대감의 표현이다. 또한, 명절이나 제사 때 먹는 음식은 세대 간에 전통을 전수하고 가족 공동체의 정체성을 확인하는 중요한 의례(Ritual)의 일부이다.

- **상징적 기능**(Symbolic Function): 음식은 그 자체로 다양한 상징과 은유를 담는다. 동지에 팥죽을 먹으며 액운을 쫓으려 하거나, 시험을 앞두고 미역국을 피하는 것 등은 음식이 가진 상징적 힘을 보여준다. '뜨거운' 성질의 음식과 '차가운' 성질의 음식을 구분하여 몸의 균형을 맞추려는 시도 역시, 음식을 통해 세계의 질서를 이해하려는 인류의 상징적 사고체계이다.
- **지식 체계**(Knowledge System): 전통적인 치유음식 시스템은 그 지역의 자연환경과 그 속에서 살아남기 위한 인류의 지혜가 응축된 '토착 지식 체계'이다. 어떤 식물에 독이 있고 어떤 식물이 약이 되는지에 대한 민속 식물학(Ethnobotany), 언제 씨앗을 뿌리고 수확해야 하는지에 대한 생태학적 지식 등이 모두 녹아 있다.

다음 표는 문화교류와 인류학적 관점에서 음식의 이해를 요약한 것이다.

관점	주요 내용 및 분석	대표적인 사례	기대 효과 및 의의
정체성 (Identity)	음식을 통한 국가·종교·사회적 정체성의 표현	할랄 / 코셔 음식, 각국의 대표 음식(김치, 스시)	타 문화의 가치 체계에 대한 심층적 이해
상호 이해 (Mutual Understanding)	공동식사(Commensality)를 통한 문화적 장벽 해소	홈스테이 가정식 체험, 국제 음식 축제	문화적 편견 해소 및 보편적 인류애 형성
인류학적 의미 (Anthropology)	사회적 기능(통과의례), 상징적 기능(은유), 지식 체계	산후조리 미역국, 명절 음식, 전통 약초 활용법	음식문화를 학문적·인문학적 탐구의 대상으로 격상

3. 음식을 통한 문화 간 다양성 즐기기

세계는 각기 다른 색을 지닌 문화의 모자이크와 같다. 그리고 음식은 이 아름다운 모자이크의 다채로운 패턴을 가장 즐겁고 직관적으로 감상할 수 있는 창(窓)이다. 문화 간 다양성을 즐긴다는 것은, 단순히 여러 나라의 음식을 맛보는 것을 넘어, 나와 다른 삶의 방식을 존중하고, 그 다름 속에서 새로운 아름다움을 발견하며, 궁극적으로는 인간 문화의 풍요로움을 온몸으로 만끽하는 과정이다. 치유음식관광은 '건강'이라는 공감대를 바탕으로, 이러한 문화적 다양성을 가장 안전하고 흥미롭게 즐길 수 있는 이상적인 무대를 제공한다.

1) 미각의 모험: 음식 체험을 통한 문화 다양성 인식

새로운 음식을 맛보는 것은 작은 모험이다. 익숙한 맛의 안전지대를 벗어나 낯선 맛의 세계로 떠나는 이 모험을 통해, 우리는 자신도 모르게 가지고 있던 편견의 벽을 허물고 문화적 감수성을 넓히게 된다.

- **'낯섦'을 '새로움'으로:** 처음 접하는 향신료의 강렬한 향, 독특한 식감, 예상치 못한 맛의 조합은 처음에는 낯설게 느껴질 수 있다. 그러나 열린 마음으로 이를 받아들일 때, '이상하다'는 느낌은 '흥미롭다'는 호기심으로, 나아가 '이렇게 다를 수도 있구나'라는 깨달음으로 바뀐다. 인도의 커리에 들어가는 수십 가지 향신료의 복잡한 조화, 일본의 날생선회(사시미)가 가진 신선함과 부드러운 식감, 한국의 홍어처럼 강렬한 발효의 풍미 등은 모두 그 자체로 존중받아야 할 고유한 미각의 세계이다.
- **시야의 확장:** 음식 경험은 우리의 고정관념을 깨뜨린다. '샐러드는 차가운 음식'이라는 편견은 따뜻한 구운 채소 샐러드를 통해, '빵은 주식'이라는 생각은 '밥이 주식'

인 문화를 통해 확장된다. 이처럼 음식은 세상을 더 넓고 유연한 시각으로 바라보게 하는 즐거운 교과서이다.

2) 창조적 융합: 글로벌 치유음식의 탄생과 다양성

문화 교류는 각 문화의 고유성을 없애는 것이 아니라, 오히려 서로에게 영감을 주어 더 창의적이고 새로운 문화를 탄생시킨다. 치유음식의 글로벌 융합은 이러한 창조적 과정의 가장 맛있는 증거이다.

- **'제3의 문화'로서의 퓨전:** 퓨전 음식은 단순히 두 문화를 섞은 것이 아니라, 두 문화의 장점이 만나 탄생한 새로운 '제3의 문화'이다. 이는 전통에 익숙한 세대와 새로운 것을 추구하는 세대 모두를 만족시킬 수 있다. 예를 들어, 한국의 전통적인 불고기에 서양의 크림 파스타를 결합한 '불고기 크림 파스타'는 남녀노소 모두에게 사랑받는 새로운 메뉴가 되었다.
- **건강 시너지의 창출:** 서로 다른 치유음식 문화의 장점만을 결합하여 건강 효과를 극대화할 수도 있다. 항염 효과가 뛰어난 인도의 강황, 장 건강에 좋은 한국의 김치, 심혈관에 이로운 지중해의 올리브유를 모두 활용한 '글로벌 슈퍼푸드 샐러드'는 맛과 건강, 그리고 창의성을 모두 잡은 현대적 치유음식의 좋은 예이다.

3) 존중의 식탁: 음식에 담긴 문화적 맥락 이해하기

진정으로 문화 다양성을 즐긴다는 것은, 음식의 맛을 넘어 그 음식이 탄생한 문화적, 종교적, 역사적 맥락까지 존중하는 태도를 의미한다. 이는 '음식 윤리(Food Ethics)'의 문제이기도 하다.

- **문화적 맥락의 존중:** 이슬람 문화권의 할랄(Halal) 음식은 단순한 식재료의 문제가 아니라, 신의 이름으로 도축하고 처리하는 신성한 의식의 결과물이다. 템플스테이에서 발우공양을 할 때, 음식을 남기지 않는 것은 불교의 생명 존중 사상을 실천하는 행위이다. 이러한 배경을 이해하고 존중할 때, 음식 체험은 더욱 깊은 의미를 갖

게 된다.

❖ **'컬리너리 콜로니얼리즘**(Culinary Colonialism)**'에 대한 경계:** 다른 문화권의 음식을 가져와 그 역사와 의미는 거세한 채 상업적인 이익만을 취하려는 태도는 '음식 식민주의'라는 비판을 받을 수 있다. 진정한 문화 교류는 원조(Origin)에 대한 존중을 바탕으로 이루어져야 하며, 가능하다면 그 음식을 탄생시킨 지역 공동체에 혜택이 돌아가도록 하는 노력이 필요하다.

❖ **'의식 있는 관광객'의 역할:** 음식을 즐기는 관광객 역시 존중의 주체이다. 현지 식당에서 예의를 지키고, 음식에 대해 겸손한 태도로 질문하며, 남기지 않을 만큼 주문하는 등의 '의식 있는 소비'는 그 자체로 훌륭한 문화 교류의 실천이다.

다음 표는 음식을 통한 문화 간 다양성 추구를 위한 접근방식을 요약한 것이다.

구분	주요 내용 및 접근 방식	대표적인 사례	기대 효과 및 가치
음식 체험을 통한 인식	낯선 맛과 식감에 대한 열린 태도, 고정관념 탈피	동남아의 고수 향신료, 유럽의 다양한 치즈 맛보기	문화적 감수성 증진, 편견 없는 시각 함양
글로벌 융합의 창조성	서로 다른 음식 문화의 장점을 결합한 새로운 메뉴 개발	'김치 타코,' '불고기 버거,' '녹차 티라미수'	음식 문화의 혁신, 새로운 관광객 수요 창출
다양성에 대한 존중	음식의 문화적・종교적 맥락 이해, 윤리적 소비	할랄・코셔 인증 식당, '컬리너리 콜로니얼리즘'에 대한 성찰	상호 존중 기반의 성숙한 문화 교류, 지속가능한 관계 형성

www.daewangsa.net

8장

THE THEORY OF HEALING FOOD AND TOURISM

산업으로서의 치유음식관광문화

1. 치유농업 음식관광

현대 도시인들은 흙을 밟을 기회, 씨앗이 싹트는 과정을 지켜볼 기회, 그리고 내가 먹는 음식이 어디서 어떻게 왔는지 알 기회를 점점 잃어가고 있다. '치유농업(Agro-healing)'은 바로 이러한 '자연 결핍증'을 앓는 현대인들에게 농업 활동과 농촌 환경을 통해 신체적, 정신적, 사회적 건강을 회복시키는 모든 활동을 의미한다. 그리고 '치유농업 음식관광'은 이러한 치유농업의 과정이 '음식'이라는 가장 즐겁고 맛있는 결과물로 귀결되는, 가장 이상적인 형태의 융복합 관광 산업이다. 이는 관광객에게 '흙에서 식탁까지(From Soil to Table)'의 전 과정을 체험하게 함으로써, 단절되었던 자연과 음식, 그리고 인간의 관계를 회복시키는 강력한 치유의 경험을 선사한다.

1) 치유농업 음식관광의 개념과 다층적 치유 효과

치유농업 음식관광은 농촌의 자원을 활용하여 건강한 먹거리를 생산하고, 이를 관광객이 직접 체험하며, 그 과정에서 심신의 안정을 얻는 모든 활동을 포괄한다. 이는 단순한 농촌체험을 넘어, 농업이 가진 다층적인 치유 효과를 극대화하는 것을 목표로 한다.

- **신체적 치유:** 맑은 공기를 마시며 텃밭을 가꾸는 소박한 노동은 그 자체로 훌륭한 신체 활동이다. 또한, 방금 밭에서 뽑은 신선한 채소, 농약 없이 자란 제철 과일 등 영양 밀도가 높은 음식을 섭취하며 신체 본연의 활력을 되찾는다.
- **정신적 · 정서적 치유:** 식물이 성장하는 모습을 보며 느끼는 생명의 경이로움, 흙을 만지며 느끼는 안정감, 그리고 수확의 기쁨을 통해 얻는 성취감은 스트레스 호르몬인 코르티솔 수치를 낮추고, 정서적 안정감을 높이는 효과가 있다. 이는 '녹색'이 주는 심리적 치유 효과와도 맞닿아 있다.
- **사회적 치유:** 농부의 삶과 지혜를 배우고, 다른 참가자들과 함께 땀 흘리며 음식을

만들어 나누어 먹는 과정은 새로운 사회적 관계를 형성하고 공동체 의식을 함양하는 계기가 된다. 도시 생활에 만연한 고립감과 단절감을 해소하는 데 도움을 준다.

2) 주요 프로그램 유형: 체험의 깊이에 따른 분류

치유농업 음식관광 프로그램은 참여자의 목적과 체류 기간에 따라 다양하게 설계될 수 있다.

- **가벼운 당일 체험형:** 주로 도시 근교 농장에서 이루어지며, 가족 단위 관광객에게 인기가 높다. '딸기 따기 체험,' '고구마 캐기 체험' 등 특정 작물의 수확에 집중하고, 수확한 작물로 잼이나 빵 등을 만들어보는 간단한 요리 체험이 결합된다. 짧은 시간 동안 농업의 즐거움을 맛보고 자연과 친해지는 입문 단계의 프로그램이다.
- **깊이 있는 체류형**(팜스테이)**:** 1박 2일 이상 농가에 머무르며 농촌의 생활을 깊이 있게 경험하는 프로그램이다. 계절별 농사일에 참여하고, 농가에서 제공하는 건강한 '치유 밥상'을 맛보며, 저녁에는 농부와 함께 막걸리를 한잔하며 이야기를 나누는 등 농촌의 삶에 온전히 녹아드는 경험을 제공한다. '임실치즈마을'처럼 특정 테마를 중심으로 마을 전체가 관광지가 된 사례도 있다.
- **목적 지향적 치유형:** 특정 대상의 치유를 목적으로 전문가에 의해 설계되는 전문 프로그램이다. 예를 들어, 학교생활에 어려움을 겪는 청소년을 위한 원예치료 프로그램, 번아웃을 겪는 직장인들을 위한 '주말 농부' 프로그램, 노년층의 인지 기능 향상을 위한 텃밭 가꾸기 등이 여기에 해당한다. 음식 활동은 이러한 치료 과정의 일부이자 즐거운 보상이 된다.

3) 기대 효과: 관광객, 농가, 지역사회의 상생

- **관광객 측면:** 자연과의 교감을 통한 스트레스 해소와 심리적 안정, 건강한 신체 활동, 안전한 먹거리에 대한 신뢰 회복, 새로운 기술(농사, 요리) 습득의 기회를 얻는다.
- **농가 측면:** 단순한 농산물 판매를 넘어, 체험 프로그램 운영과 직거래를 통해 부가

가치를 높이고 소득원을 다변화할 수 있다. 또한, 자신의 일과 삶에 대한 자부심을 느끼고, 도시 소비자와 직접 소통하며 새로운 활력을 얻는다.

- **지역사회 측면:** 관광객 유입을 통해 침체된 농촌 지역에 활기를 불어넣고, 지역 농산물의 브랜드 가치를 높인다. 나아가, 청년들의 귀농・귀촌을 유도하고, 농업의 6차 산업화 모델을 구축하여 지속가능한 지역 발전의 토대를 마련한다.

4) 국내외 대표 사례

- **[국내] 전북 고창 상하농원:** '짓다, 놀다, 먹다'라는 슬로건 아래, 유기농 목장, 과일 농장, 발효 공방, 레스토랑, 숙박 시설을 한곳에 모은 복합 농촌 테마파크이다. 방문객들은 동물의 먹이를 주고, 소시지를 만들고, 갓 짜낸 우유로 아이스크림을 맛보는 등 농업과 음식이 순환하는 전 과정을 즐겁게 체험할 수 있다.
- **[해외] 이탈리아 토스카나 아그리투리스모**(Agriturismo)**:** '농업(Agriculture)'과 '관광(Tourism)'의 합성어로, 실제 농사를 짓는 농가에서 숙박과 식사를 제공하는 형태이다. 법적으로 전체 수익의 일정 비율 이상이 반드시 농업에서 나와야 하므로, 상업적인 호텔과 구별되는 진정성을 유지한다. 방문객들은 포도밭과 올리브 나무로 둘러싸인 농가에서 주인이 직접 생산한 와인과 올리브유로 만든 가정식을 맛보며 토스카나의 전원생활을 만끽한다.

다음 표는 치유농업으로서의 음식관광에 관한 프로그램을 요약한 것이다.

구분	주요 프로그램 내용	기대 효과	대표적인 사례
당일 수확 체험	제철 과일・채소・곡물 직접 수확 및 시식	자연과의 교감, 수확의 기쁨, 가족 단위 여가	양평 딸기 체험 농장, 이천 쌀 문화 축제
농가 요리 체험	지역 전통 조리법 학습, 제철 재료 활용 요리	식문화에 대한 이해 증진, 요리 기술 습득	순창 장류마을 고추장 만들기, 종가집 김장 체험
체류형 치유 밥상	팜스테이 연계, 유기농・친환경 식단 제공	건강한 식습관 형성, 심신의 온전한 휴식	상하농원, 슬로시티 청산도 민박, 템플스테이
교육 연계형	지속가능 농법, 토종 씨앗, 발효 과학 등 학습	농업의 가치 재인식, 환경 및 건강 인식 제고	프랑스 와이너리 투어, WWOOF(우프) 프로그램

2. 해양치유 음식관광

바다는 모든 생명의 근원지로, 인류는 오랫동안 바다에서 위안을 얻고 건강을 되찾아 왔다. '해양치유(Thalassotherapy)'는 이러한 바다의 치유적 힘을 과학적으로 활용하는 것으로, 해수, 해조류, 해양성 기후, 갯벌 등 바다의 모든 자원을 이용해 인체의 자연치유력을 높이는 건강 증진 활동을 의미한다. 그리고 '해양치유 음식관광'은 이러한 외부적인 해양치유 활동과, 바다가 주는 건강한 먹거리를 섭취하는 내부적인 치유 활동을 결합한, 가장 총체적인 형태의 해양 웰니스 산업이다. 이는 관광객에게 바다를 '보고 즐기는' 것을 넘어, '온몸으로 느끼고 맛보며' 심신을 정화하는 특별한 경험을 제공한다.

1) 해양치유 음식관광의 개념과 원리

해양치유 음식관광은 '밖으로는 바다의 에너지로 몸을 채우고, 안으로는 바다의 영양으로 몸을 살린다'는 원리에 기초한다.

❖ **외부적 치유**(해양치유 요법)

- 해수: 마그네슘, 칼륨 등 인체에 유익한 미네랄이 풍부한 해수는 혈액순환을 촉진하고 피부 건강에 도움을 준다.
- 해풍: 음이온이 풍부한 해풍은 신경을 안정시키고, 미세한 소금 입자는 호흡기 건강에 긍정적인 영향을 미친다.
- 해조류 · 갯벌: 미네랄과 비타민이 풍부한 해조류나 갯벌을 이용한 팩이나 스파는 피부를 통해 영양을 공급하고 노폐물 배출을 돕는다.

❖ **내부적 치유**(해양 식재료)

- 해산물: 등푸른 생선에 풍부한 오메가-3 지방산은 강력한 항염 작용으로 혈관 건

강과 두뇌 기능 개선에 탁월한 효과가 있다. 굴, 조개 등에는 면역력에 필수적인 아연이 풍부하다.

- 해조류: 미역, 다시마, 톳 등은 '바다의 채소'라 불리는 슈퍼푸드이다. 갑상선 기능에 필수적인 요오드와 뼈 건강에 중요한 칼슘, 그리고 체내 중금속을 배출시키는 알긴산 등이 다량 함유되어 있다.

❖ **시너지 효과:** 해변을 걸으며 맑은 해풍을 마신 뒤(외부 치유), 신선한 해산물로 차린 건강한 식사를 하는(내부 치유) 경험은 분리된 활동의 합을 넘어, 치유 효과를 극대화하는 시너지를 창출한다.

2) 주요 프로그램 유형: 체험의 성격에 따른 분류

해양치유 음식관광은 지역의 해양 자원 특성과 타겟 고객층에 따라 다양하게 구성될 수 있다.

❖ **미식 중심 프로그램:** '씨투테이블(Sea-to-Table)'을 콘셉트로, 그날 잡은 가장 신선한 해산물로만 요리하는 전문 레스토랑이나, 지역 어부에게 직접 생선 손질법과 전통 요리법을 배우는 쿠킹클래스 등이 해당된다. 통영의 굴, 영덕의 대게처럼 특정 해산물을 주제로 한 미식 투어도 인기가 높다.

❖ **액티비티 연계 프로그램:** 해양 레포츠와 치유음식을 결합하여 즐거움과 건강을 동시에 잡는 프로그램이다. 서핑이나 카약킹 후, 근육 회복을 돕는 단백질과 미네랄이 풍부한 해산물 바비큐를 즐기거나, 낚시 체험으로 직접 잡은 물고기를 즉석에서 회로 먹는 '선상 낚시' 등이 대표적이다.

❖ **전문 치유·휴양 프로그램:** 해양치유센터나 웰니스 리조트에서 전문가의 관리하에 진행되는 고부가가치 프로그램이다. 해수 스파, 해조류 팩 등 전문적인 탈라소테라피와 함께, 개인의 건강 상태에 맞춰 설계된 저염·고단백의 맞춤형 치유 식단을 제공한다. 아토피나 호흡기 질환 개선, 수술 후 회복 등을 목적으로 하는 의료관광과 연계될 수 있다.

3) 기대 효과: 해양 자원의 지속가능한 가치 창출

- **관광객 측면:** 아름다운 해양 경관 속에서 휴식하며 스트레스를 해소하고, 건강한 해양 활동과 식단을 통해 신체적, 정신적 건강을 증진시키는 일석이조의 효과를 얻는다.
- **지역 어업 공동체 측면:** 자신들이 생산한 수산물을 단순한 원물 판매를 넘어, 관광 상품의 핵심 재료로 공급함으로써 더 높은 부가가치를 얻을 수 있다. 또한, 깨끗하고 건강한 바다가 곧 중요한 관광 자산임을 인식하고, 지속가능한 어업과 해양 환경 보전에 더욱 적극적으로 참여하게 된다.
- **지역사회 측면:** '해양 웰니스 관광지'라는 차별화된 브랜드를 구축하여 사계절 내내 관광객을 유치할 수 있다. 이는 침체된 어촌 지역에 새로운 경제적 활력을 불어넣고, 관련 서비스업의 성장을 견인한다.

4) 국내외 대표 사례

- **[해외] 프랑스 브르타뉴**(Bretagne)**:** 세계적인 탈라소테라피의 발상지로, 100년이 넘는 역사를 지닌 해양치유센터들이 즐비하다. 이들은 전문적인 해수 요법과 함께, 지역 특산물인 굴, 가리비, 아티초크 등을 활용한 미식 경험을 결합하여 세계적인 명성을 얻고 있다.
- **[국내] 충남 태안:** 국내 해양치유 시범단지로 선정된 태안은 서해안의 청정한 갯벌, 소금, 해송 숲 등 풍부한 자원을 보유하고 있다. 이를 활용하여 갯벌 머드 체험, 소금 동굴 테라피, 그리고 바지락, 대하 등 지역 수산물을 활용한 치유음식 프로그램을 연계하여 한국형 해양치유 관광 모델을 만들어가고 있다.

다음 표는 해양치유로서의 음식관광 프로그램을 요약한 것이다.

구분	주요 프로그램 내용	기대 효과	대표적인 사례
해산물 요리 체험	'씨투테이블' 레스토랑, 수산물 쿠킹클래스, 어시장 투어	미식 만족도 극대화, 지역 수산업에 대한 이해 증진	일본 쓰키지 어시장 투어, 부산 자갈치시장 꼼장어 구이
해조류 치유식단	저염·고미네랄 해조류 식단 제공, 해조류 가공품 만들기	디톡스 및 체질 개선, 건강한 식습관 교육	전남 완도의 해조류 박람회, 기장 미역·다시마 축제
해변 식사 체험	해변 레스토랑, 선셋 바비큐, 해변 피크닉 도시락	자연과의 일체감, 낭만적이고 감성적인 경험 제공	그리스 산토리니의 해변 레스토랑, 하와이의 루아우(전통 만찬)
해양 액티비티 연계	낚시·서핑·요트 등과 건강식 결합	즐거움과 건강 증진의 시너지, 젊은 관광객 유치	'Catch & Cook' 낚시 투어, 서핑 캠프의 웰빙 푸드

3. 산림치유 음식관광

도시의 회색빛 콘크리트와 소음, 끊임없는 디지털 자극에 지친 현대인에게 숲은 가장 원초적이고 강력한 치유의 공간을 제공한다. '산림치유(Forest Therapy)'는 숲에 존재하는 다양한 환경요소를 활용하여 인체의 면역력을 높이고 심신 건강을 증진시키는 활동을 의미한다. 일본의 '산림욕(森林浴, Shinrin-yoku)'에서 유래한 이 개념은 이제 전 세계적인 웰니스 트렌드로 자리 잡았다. 그리고 '산림치유 음식관광'은 이러한 산림치유의 효과를 극대화하는 화룡점정이다. 숲을 온몸으로 느낀 뒤, 숲이 내어준 건강한 먹거리를 맛보는 경험은, 숲의 치유 에너지를 몸 안으로까지 온전히 받아들이는 가장 완벽한 형태의 자연주의 웰니스 산업이다.

1) 산림치유 음식관광의 개념과 원리

산림치유 음식관광은 숲이 제공하는 '외부적 치유' 효과와 숲의 산물을 섭취하는 '내부적 치유' 효과를 결합한 통합적 모델이다.

✣ **외부적 치유**(산림치유 요법)

- 피톤치드: 나무가 해충과 병균으로부터 자신을 보호하기 위해 내뿜는 천연 항균 물질인 피톤치드는, 사람이 들이마셨을 때 스트레스 호르몬인 코르티솔 수치를 감소시키고, 면역세포인 NK세포의 활성을 증가시키는 효과가 과학적으로 입증되었다.
- 음이온과 산소: 숲속의 공기는 도심보다 훨씬 깨끗하고, 마음을 안정시키는 음이온과 신선한 산소가 풍부하다.
- 소리와 풍경: 바람에 나뭇잎 스치는 소리, 새소리, 계곡 물소리 등 숲의 '백색소

음'과 시각적 안정감을 주는 녹색의 풍경은 그 자체로 뇌를 편안하게 하고 심리적 안정을 유도한다.

✣ **내부적 치유**(산림 식재료)

- 산나물: 인공적인 환경이 아닌, 치열한 자연 속에서 자란 산나물은 일반 채소보다 항산화 물질 등 생리활성물질의 함량이 더 높은 경향이 있다.
- 버섯: 숲의 나무와 공생하는 버섯은 면역력을 조절하는 베타글루칸 성분과 비타민 D가 풍부하다.
- 견과류 및 열매: 잣, 호두, 밤, 다래, 머루 등 숲이 주는 열매들은 건강한 지방과 비타민, 미네랄의 보고이다.

✣ **시너지 효과:** 피톤치드 가득한 숲길을 걸으며 심신을 이완시킨 후, 그 숲에서 난 나물과 버섯으로 차린 밥상을 마주하는 경험은, 숲과 내가 하나가 되는 깊은 교감과 총체적인 치유 효과를 선사한다.

2) 주요 프로그램 유형: 숲을 즐기는 다양한 방법

✣ **포레스트 다이닝**(Forest Dining) **& 피크닉:** 숲속에 아름답게 차려진 식탁에서 즐기는 식사는 그 자체로 특별한 경험이다. 숲의 경관을 해치지 않는 선에서 임시로 운영되는 '팝업 레스토랑' 형태나, 지역의 치유 식재료로 만든 건강 도시락을 숲속 쉼터에서 즐기는 피크닉 프로그램이 여기에 해당한다.

✣ **포레징**(Foraging) **투어와 쿠킹클래스:** '채집'을 의미하는 포레징은 산림치유 음식관광의 핵심적인 체험 활동이다. 반드시 전문가(산림 해설사, 약초 전문가 등)와 동행하여 독초와 식용 식물을 구별하는 법을 배우고, 안전하게 채취하는 규칙을 지켜야 한다. 채취 후에는 직접 채집한 재료를 손질하고 요리하는 쿠킹클래스를 연계하여, 성취감과 함께 자연의 소중함을 배우게 한다.

✣ **통합형 산림 웰니스 리트리트:** 숲속에 위치한 치유원이나 리조트에서 며칠간 머무르며, 산림치유사의 지도하에 숲길 명상, 요가, 피톤치드 풍욕 등 전문적인 산림치유 프로그램과 함께, 체질에 맞춰 제공되는 맞춤형 산림 치유 식단을 경험하는 고

부가가치 프로그램이다. '디지털 디톡스'를 목적으로 하는 현대인에게 특히 인기가 높다.

3) 기대 효과: 숲과 인간, 그리고 지역사회의 공존

- **관광객 측면:** 도시 생활에서 쌓인 스트레스와 긴장을 해소하고, 면역력 증진 등 신체적 건강 효과를 얻는다. 자연에 대한 이해와 감수성을 높이고, 새로운 식재료와 요리법을 배우는 교육적 효과도 크다.
- **지역사회 측면:** 산림자원은 과거 임업이나 약재 채취 등 1차원적 활용에 그쳤으나, 관광과 결합하면서 고부가가치 자원으로 재탄생한다. 이는 산촌 지역에 새로운 소득원을 창출하고, 숲 해설가, 웰니스 셰프 등 양질의 일자리를 만들어 침체된 지역에 활력을 불어넣는다.
- **환경적 측면:** 숲이 중요한 관광 자산이 되면, 무분별한 벌목이나 개발 대신 숲을 가꾸고 보존하려는 노력이 지역사회 전체로 확산된다. 이는 지속가능한 산림 경영과 생태계 보전에 기여하는 선순환을 만든다.

4) 국내외 대표 사례

- **[국내] 국립횡성숲체원:** 산림청 산하의 대표적인 산림복지 전문기관으로, 다양한 연령과 대상을 위한 맞춤형 산림치유 프로그램을 운영한다. 숲 체험과 더불어, 강원도의 청정 임산물을 활용한 건강 식단을 제공하여 통합적인 치유 경험을 선사한다.
- **[해외] 독일 흑림**(Schwarzwald)**:** '검은 숲'이라는 이름처럼 울창한 숲으로 유명한 이곳은, 숲길 트레킹과 하이킹 문화가 매우 발달했다. 관광객들은 숲을 걸은 뒤, 지역의 명물인 흑돼지로 만든 햄, 체리로 만든 브랜디, 그리고 다양한 버섯 요리 등 숲의 산물을 활용한 미식을 즐기며 피로를 푼다. 이는 관광과 지역 특산 음식 문화가 자연스럽게 결합된 모범 사례이다.

다음 표는 산림치유로서의 음식관광 프로그램을 요약한 것이다.

구분	주요 프로그램 내용	기대 효과	대표적인 사례
산림 자원 채취	전문가와 함께 산나물·버섯·약초 등 채취(포레징)	자연 생태 학습, 수확의 성취감, 안전한 체험	강원도 인제 / 평창의 산나물 축제, 일본 나가노의 버섯 투어
숲속 다이닝	숲속에서의 식사(도시락, 팝업 레스토랑)	피톤치드 환경에서의 식사를 통한 심리적 안정 극대화	경기도 가평 잣향기푸른숲의 숲속 카페, 웰니스 리조트의 포레스트 피크닉
산림 음식 워크숍	채취한 산림 자원을 활용한 요리 및 가공품 만들기	전통 식문화 전승, 건강 조리법 습득	산나물 장아찌 만들기, 약초 효소 담그기, 버섯 요리 클래스
통합 웰니스 프로그램	숲길 명상·요가+맞춤형 산림 치유 식단 제공	심신의 총체적 회복, 깊이 있는 치유 경험	국립산림치유원(경북 영주), 핀란드의 숲속 사우나와 연계된 웰니스 투어

4. 푸드아트 음식관광

'보기 좋은 떡이 먹기도 좋다'는 속담처럼, 인간은 본능적으로 아름다운 것에 끌리며, 시각적 만족감은 미각적 경험을 더욱 풍부하게 한다. '푸드아트(Food Art)'는 이러한 음식의 미적 가치를 극대화하여, 음식을 단순한 먹거리를 넘어 예술적 감상과 창작의 대상으로 승화시키는 활동이다. 그리고 '푸드아트 음식관광'은 이러한 예술 활동을 관광과 결합하여, 참가자에게 창의적인 영감과 즐거움, 그리고 아름다움을 통한 정서적 치유를 제공하는 새로운 형태의 융복합 산업이다. 이는 맛과 영양을 넘어, '심미적 치유'라는 새로운 차원의 웰니스 경험을 선사한다.

1) 푸드아트 음식관광의 개념과 치유 메커니즘

푸드아트 음식관광은 음식을 매개로 한 예술 활동을 감상, 체험, 학습하는 모든 과정을 포함한다. 그 치유 효과는 다음과 같은 심리적 메커니즘을 통해 발현된다.

- **심미적 쾌감과 정서적 안정:** 아름다운 색채, 조화로운 구성, 정교한 형태를 가진 음식 작품을 보는 것은, 마치 한 폭의 그림을 감상하는 것과 같이 심미적 쾌감을 유발한다. 이러한 긍정적인 시각적 자극은 스트레스를 완화하고 정서적 안정감을 가져다준다.
- **창작을 통한 몰입과 성취감:** 케이크를 장식하거나, 과일을 조각하는 등 푸드아트 활동에 직접 참여하는 과정에서 참가자는 높은 수준의 집중력을 발휘하게 된다. 이는 잡념을 잊고 현재에 온전히 몰입하는 '플로우(Flow)' 상태를 유도하며, 이는 명상과 유사한 심리적 치유 효과를 가진다. 또한, 자신의 손으로 아름다운 작품을 완성했을 때 느끼는 성취감은 자존감을 높여준다.

플로우(Flow)**란?**

플로우(Flow)는 영어 단어로서 '흐름'을 의미하며, 심리학에서는 특정 대상에 완전히 몰입하여 높은 즐거움을 느끼는 정신적 상태를 뜻한다.

심리학에서의 플로우(몰입)

- 의미: 무언가에 깊이 몰입하여 황홀경을 느끼는 최상의 심리적 상태를 말한다.
- 특징: 시간 가는 줄 모르고, 주변 환경을 의식하지 않으며, 마치 물처럼 자연스럽게 행동이 이어지는 상태이다. 대표적으로 스포츠에 빠져 시간 가는 줄 모르고 노는 아이들의 모습이나 고스톱이나 장기, 바둑, 게임 등에 빠져 주변을 의식하지 않고 행동하는 사례를 말한다. 긍정적이거나 부정적이거나 이러한 과도한 몰입을 플로우(Flow)라 한다.
- 행복과의 관계: 긍정심리학의 석학 칙센트미하이에 의해 정의되었으며, 행복한 상태로 여겨진다.

❖ **오감의 자극과 창의력 발현:** 푸드아트는 시각뿐만 아니라, 재료의 향(후각), 질감(촉각), 그리고 맛(미각)까지 모든 감각을 동원하는 활동이다. 이러한 다감각적 체험은 뇌를 자극하여 창의력을 일깨우고, 일상에 새로운 활력을 불어넣는다.

2) 주요 프로그램 유형: 예술을 맛보는 다양한 방법

❖ **감상하는 예술**(전시 · 페스티벌)**:** 음식을 재료로 한 조형 예술 작품을 전시하거나, 특정 테마(예: 초콜릿, 설탕 공예)를 중심으로 한 푸드아트 페스티벌을 개최한다. 세계적인 셰프나 푸드 아티스트를 초청하여 그들의 작품 세계를 선보이는 자리는 그 자체로 강력한 집객 효과를 가진다.

❖ **만드는 예술**(체험 워크숍)**:** 관광객이 직접 푸드 아티스트가 되어보는 프로그램이다.

- 푸드 스타일링 & 플레이팅: 자신이 만든 음식을 잡지에 나오는 것처럼 아름답게 담아내는 법을 배운다.
- 전통 병과 만들기: 계절의 아름다움을 섬세하게 표현하는 한국의 화전(花煎)이나 일본의 와가시(和菓子) 만들기는 대표적인 푸드아트 체험이다.
- 채소 · 과일 카빙: 수박이나 무를 조각하여 화려한 작품을 만드는 기술을 배운다.

✣ **관람하는 예술**(푸드 퍼포먼스)**:** 셰프의 조리 과정 자체가 하나의 볼거리가 되는 형태이다. 화려한 불 쇼를 보여주는 철판 요리, 액체 질소를 활용하여 눈앞에서 아이스크림을 만드는 분자요리 시연, 혹은 음식과 음악, 무용을 결합한 '디너 시어터(Dinner Theater)' 등은 관객의 오감을 사로잡는 창의적인 공연 예술이다.

✣ **공간과 결합하는 예술:** 미술관이나 갤러리에서 특정 전시 작품에 영감을 받은 음식을 제공하는 '아트 컬래버레이션 다이닝'이나, 고택이나 정원 등 아름다운 공간의 분위기와 어우러지는 예술적인 상차림을 제공하는 프로그램은 음식의 문화적 가치를 극대화한다.

3) 기대 효과: 산업과 문화의 경계를 허무는 혁신

✣ **관광객 측면:** 기존에 없던 새로운 형태의 감각적, 창의적 체험을 통해 높은 만족감을 얻는다. 특히 SNS 공유에 익숙한 젊은 세대에게 시각적으로 매력적인 푸드아트는 강력한 어필 포인트를 가진다.

✣ **지역 및 산업 측면**

- 부가가치 창출: 평범한 농산물이나 음식이 '예술'이라는 가치를 입으면서 훨씬 높은 가격에 판매될 수 있다.
- 산업 융복합: 음식, 예술, 디자인, 공연, 관광 등 서로 다른 산업이 만나 새로운 시장을 창출하는 혁신 동력이 된다.
- 전통의 현대화: 잊혀가는 전통 다과나 음식 공예 기술을 현대적인 감각의 체험 프로그램으로 재탄생시켜 그 명맥을 잇고 새로운 가치를 부여한다.

4) 국내외 대표 사례

✣ **[해외] 일본의 와가시**(和菓子) **체험:** 계절의 변화를 섬세한 디자인과 색감으로 표현하는 일본의 전통 과자인 와가시는 '먹는 예술'의 정수로 꼽힌다. 교토 등지에서 운영되는 와가시 만들기 체험은, 차(茶) 문화와 결합하여 외국인 관광객에게 가장 인

기 있는 문화 체험 프로그램 중 하나이다.

❖ **[해외] 스페인의 엘 불리**(El Bulli) **레스토랑:** 지금은 문을 닫았지만, 셰프 페란 아드리아가 이끌었던 엘 불리는 음식을 해체하고 재구성하는 '분자요리'를 통해 음식을 예술의 경지로 끌어올렸다는 평가를 받는다. 전 세계 미식가들이 그의 음식을 경험하기 위해 스페인의 작은 마을까지 순례 여행을 떠나게 만들며, 셰프가 곧 아티스트가 될 수 있음을 증명했다.

분자요리(Molecular Gastronomy)**란?**

분자요리란 식재료의 분자 구조를 과학적 원리(물리학, 화학)를 이용해 변화시켜 맛과 모양, 질감을 새롭게 재창조하는 요리이다. 일반적인 요리법을 넘어, 솜사탕, 뻥튀기, 달고나, 팝콘, 캐비어처럼 예상치 못한 형태로 음식을 만들거나 새로운 식감과 풍미를 구현하는 것이 특징이다.

분자요리의 특징

- 과학적 원리 적용: 음식을 구성하는 분자 구조의 물리적, 화학적 특성을 분석하고 조절하여 요리를 만든다.
- 형태와 질감의 변화: 주스나 소스를 캐비어처럼 둥근 모양으로 만들거나, 액체를 거품 형태로 만드는 등 형태를 자유롭게 바꾼다.
- 새로운 식감과 풍미: 기존 재료의 맛을 살리면서도 전혀 다른 식감과 맛의 조합을 만들어낸다.
- 실험실 도구 활용: 과학 실험실에서 사용하는 장비나 재료를 요리 과정에 접목하기도 한다.

분자요리의 예시

- 캐비어: 과일 주스에 알긴산나트륨을 섞고 염화칼슘 용액에 떨어뜨려 주스 맛의 작은 알갱이를 만든다.
- 아이스크림: 액화질소를 이용해 즉석에서 아이스크림을 만든다.
- 거품 요리: 된장국을 커피 추출기로 내리고 레시틴과 달걀 노른자를 넣어 폼을 만들어 가볍게 만든다.

❖ **[국내] 한국의 떡 · 한과 디저트 카페:** 최근 한국에서는 전통 떡과 한과를 현대적인 미감으로 재해석한 디저트 카페들이 큰 인기를 끌고 있다. 아름다운 플레이팅과 함께 제공되는 떡과 차는 젊은 세대와 외국인 관광객에게 한국 전통 디저트의 매력을 새롭게 알리는 '힙한' 푸드아트 콘텐츠로 기능한다.

다음 표는 푸드아트로서의 음식관광 프로그램을 요약한 것이다.

구분	주요 프로그램 내용	기대 효과	대표적인 사례
푸드 전시·페스티벌	음식 조형물 전시, 푸드아트 비엔날레, 미디어 아트 결합	시각적 즐거움과 화제성 창출, 도시의 창의적 이미지 구축	이탈리아 밀라노 푸드 디자인 위크, 서울 디저트 페어
체험형 워크숍	푸드 스타일링, 케이크 데코레이션, 전통 병과 만들기	창작을 통한 몰입과 성취감, 정서적 치유 효과	일본 교토의 와가시 만들기, 프랑스 파리의 마카롱 클래스
푸드 퍼포먼스	스타 셰프의 쿠킹쇼, 분자요리 시연, 디너 시어터	엔터테인먼트적 요소 강화, 오감을 자극하는 특별한 경험	'난타'와 같은 넌버벌 퍼포먼스와 음식 결합
공간 융합형	미술관·갤러리 연계 다이닝, 고택 애프터눈 티 세트	공간과 음식의 시너지, 문화적 품격 및 부가가치 상승	국립현대미술관의 '아트 앤 다인,' 경주 한옥 호텔의 다과상

9장

THE THEORY OF HEALING FOOD AND TOURISM

치유음식관광문화의 심리학

1. 치유음식 심리학의 이해

우리는 단지 생물학적 허기를 채우기 위해 먹는 것이 아니다. 우리는 기쁠 때, 슬플 때, 위로받고 싶을 때, 그리고 누군가와 연결되고 싶을 때 음식을 찾는다. 이처럼 음식은 우리의 가장 깊은 감정과 기억, 그리고 사회적 관계와 얽혀 있는 복합적인 심리적 매개체이다. '치유음식의 심리학'은 바로 이러한 음식과 인간 심리의 상호작용을 탐구하는 분야이다. 이는 음식이 가진 영양학적 효능을 넘어, 음식이 어떻게 우리의 마음을 움직이고, 행동에 영향을 미치며, 궁극적으로 삶의 질을 향상시키는지를 이해하려는 시도이다. 치유음식관광의 본질을 이해하기 위해서는, 이처럼 음식이 가진 심리적 힘에 대한 깊은 이해가 반드시 선행되어야 한다.

1) 음식과 심리적 안정: '컴포트 푸드'의 비밀

누구나 마음이 지칠 때 유독 생각나는 음식이 있다. 우리는 이를 '컴포트 푸드(Comfort Food)'라 부른다. 컴포트 푸드는 심리적 안정과 위안을 주는 음식으로, 치유음식의 가장 원초적인 형태라 할 수 있다.

✣ **원리:** 컴포트 푸드의 치유 효과는 단순히 영양 성분만으로 설명되지 않는다.

- 생리적 효과: 따뜻한 국물이나 죽, 부드러운 식감의 음식은 신체의 긴장을 직접적으로 이완시킨다. 또한, 탄수화물이 풍부한 음식은 뇌의 '행복 호르몬'인 세로토닌 분비를 촉진하여 기분을 좋게 만든다.
- 심리적 효과: 더 강력한 힘은 '연상 작용'에 있다. 컴포트 푸드는 대부분 어린 시절 어머니가 아플 때 끓여주시던 닭죽처럼, '보살핌'과 '안전'에 대한 긍정적인 기억과 연결되어 있다. 그 음식을 먹는 행위는 과거의 안전했던 순간을 현재로 소

환하여 심리적 위안을 주는 것이다.

❖ **관광에서의 활용:** 여행지에서 낯섦과 피로를 느낄 때, 부드럽고 따뜻한 현지 음식을 맛보는 경험은 관광객에게 집과 같은 편안함을 느끼게 하여 긴장을 풀어주고, 해당 지역에 대한 긍정적인 인상을 심어준다.

2) 음식과 기억의 연상 작용: '프루스트의 마들렌'처럼

프랑스 작가 마르셀 프루스트의 소설 『잃어버린 시간을 찾아서』에는 주인공이 홍차에 적신 마들렌 과자를 맛보는 순간, 잊고 있던 어린 시절의 기억이 통째로 되살아나는 유명한 장면이 나온다. 이처럼 맛과 향기는 기억을 봉인하고 있다가, 어느 순간 그 봉인을 해제하는 강력한 열쇠 역할을 한다.

❖ **원리:** 후각을 담당하는 뇌의 후각신경구는 감정과 기억을 처리하는 편도체, 해마와 직접적으로 연결되어 있다. 이 때문에 다른 감각에 비해 냄새와 맛은 훨씬 더 강렬하고 선명하게 과거의 감정과 기억을 불러일으킨다. 이를 '프루스트 현상(Proust Phenomenon)'이라 한다.

프루스트 현상(Proust Phenomenon)이란?

프루스트 현상(Proust Phenomenon)은 특정 냄새를 맡았을 때 과거의 특정 기억이나 감정이 생생하게 떠오르는 현상으로, 프랑스 작가 마르셀 프루스트의 소설 『잃어버린 시간을 찾아서』에서 유래했으며, 냄새 정보가 감정과 기억을 담당하는 뇌 부위(편도체, 해마)로 직접 연결되어 발생한다. 이 현상은 단순한 기억 소환을 넘어 그때의 감정까지 강렬하게 되살리는 특징이 있으며, '마들렌 효과'라고도 불린다.

주요 특징

- 기원: 마르셀 프루스트가 홍차에 적신 마들렌 냄새를 맡고 어린 시절의 행복한 기억을 떠올린 장면에서 이름이 붙여졌다.
- 과학적 근거: 2001년 연구팀에 의해 과학적으로 입증되었으며, 냄새(후각)가 뇌의 감정(편도체) 및 기억(해마) 영역과 직접적으로 연결되어 있어 강력한 연관성을 보인다.
- 강렬한 감정: 단순히 기억이 떠오르는 것을 넘어, 그때 느꼈던 행복, 슬픔, 즐거움 등의 감정까지 함께 되살아나는 것이 특징이다.
- 사연이 있는 냄새: 일반적인 냄새보다는 특정 사건이나 사람과 연결된 '사연 있는' 냄새가

현상을 더 강하게 유발한다.

예시

- 오래된 책 냄새를 맡고 할아버지 서재를 떠올리는 것.
- 특정 향수를 맡고 옛 연인과의 추억에 잠기는 것.
- 먹고 탈났던 음식을 다시 보거나 냄새 맡았을 때 불쾌한 감정이 떠오르는 것.

❖ **관광에서의 활용:** 치유음식관광은 관광객에게 '새로운 긍정적 기억'을 만들어주는 과정이다. 아름다운 자연 속에서 맛본 독특한 향토음식의 맛과 향은, 그 여행의 즐거웠던 순간과 함께 뇌리에 각인된다. 그리고 훗날 비슷한 맛이나 향을 접했을 때, 관광객은 그 여행의 행복했던 기억을 다시 떠올리게 된다. 이는 재방문을 유도하는 강력한 감성적 고리가 된다.

3) 음식과 사회적 관계: '함께 먹기'의 힘

인류에게 '함께 식사하는 행위(공동식사, Commensality)'는 단순히 각자의 배를 채우는 것을 넘어, 신뢰를 형성하고, 관계를 맺으며, 소속감을 확인하는 가장 중요한 사회적 의례(Ritual)였다. 음식은 사람과 사람을 잇는 가장 강력한 '사회적 접착제'이다.

❖ **원리:** 음식을 나누는 행위는 상징적인 의미를 가진다. 나의 음식을 타인에게 나누어주는 것은 '나는 당신을 해치지 않으며, 당신을 내 집단의 일원으로 받아들인다'는 비언어적 메시지를 전달한다. 또한, 함께 식사하며 나누는 대화는 서로에 대한 이해를 높이고 친밀감을 형성하는 데 결정적인 역할을 한다.

❖ **관광에서의 활용:** 치유음식관광 프로그램에 지역 주민과 관광객이 함께 참여하여 음식을 만들고 나누어 먹는 활동을 포함시키는 것은 매우 효과적이다. 관광객은 현지인의 삶 속으로 들어가 진정한 문화 교류를 경험하며 '손님'이 아닌 '친구'가 되는 듯한 느낌을 받는다. 이는 고립감에 지친 현대인에게 큰 정서적 만족과 치유 효과를 제공한다.

4) 관광 속 치유음식의 네 가지 심리적 기능

관광이라는 특별한 상황 속에서, 치유음식은 다음과 같은 네 가지 핵심적인 심리적 기능을 수행하며 관광객의 만족도를 높인다.

- **보상**(Reward): 낯선 곳을 여행하는 힘든 여정 끝에 맛보는 맛있는 음식은 노력에 대한 '달콤한 보상'으로 작용하여 성취감과 만족감을 준다.
- **위로**(Comfort): 여행 중 겪을 수 있는 사소한 불편이나 스트레스를 따뜻하고 정성스러운 음식이 어루만져주며 '따뜻한 위로'를 건넨다.
- **기억**(Memory): 그 지역에서만 맛볼 수 있는 특별한 음식은 여행의 하이라이트가 되어, 오랫동안 추억할 수 있는 '생생한 기억'을 선물한다.
- **교류**(Connection): 음식을 매개로 현지의 자연, 문화, 사람과 연결되는 경험은 '의미 있는 교류'를 통해 여행의 깊이를 더한다.

다음 표는 음식의 심리학적 기능을 요약한 것이다.

심리학적 기능	핵심 내용 및 설명	대표적인 음식 및 상황	관광객에게 주는 효과
심리적 안정	불안감을 완화하고 편안함을 제공하는 감각적 경험	따뜻한 국물 요리, 부드러운 죽, 향긋한 허브차	긴장 해소, 스트레스 감소, 깊은 휴식
감정 연상	과거의 긍정적 기억과 감정을 현재로 소환	어린 시절 어머니가 해주신 음식, 고향의 맛	정서적 안정감, 향수(Nostalgia)를 통한 위안
사회적 유대	공동식사(Commensality)를 통한 신뢰 및 소속감 형성	지역 주민과 함께하는 식사, 마을 축제 음식	친밀감 및 유대감 강화, 문화적 장벽 해소
보상과 위로	노력에 대한 보상 및 심리적 허기를 채워주는 경험	달콤한 디저트, 여행지의 특별 요리, 컴포트 푸드	긍정적 기분 전환, 자기 효능감 및 만족도 증진

2. 감정과 음식의 상호작용

1) 사랑을 부르는 음식

예로부터 인류는 특정 음식이 사랑과 욕망, 그리고 친밀감을 불러일으키는 특별한 힘을 가지고 있다고 믿어왔다. 그리스 신화 속 사랑의 여신 '아프로디테(Aphrodite)'의 이름에서 유래한 '아프로디시악(Aphrodisiac)'이라는 단어는 바로 이러한 음식들을 지칭한다. 과거에는 주술적 믿음이나 식재료의 모양에 근거한 경우가 많았지만, 현대 과학은 특정 영양 성분과 호르몬, 그리고 문화적 상징성이 복합적으로 작용하여 음식과 사랑의 감정이 연결될 수 있음을 보여주고 있다.

(1) 사랑과 음식의 심리 · 생리학적 연관성

- **뇌를 자극하는 화학적 작용:** 음식에 포함된 특정 성분은 뇌의 신경전달물질 분비를 촉진하여 사랑에 빠졌을 때와 유사한 화학 반응을 일으킬 수 있다. 기분을 좋게 만드는 '세로토닌,' 쾌감과 보상을 관장하는 '도파민,' 그리고 사랑의 초기 단계에서 설렘과 흥분을 유발하는 '페닐에틸아민(PEA)' 등이 대표적이다.
- **호르몬 분비 촉진:** 일부 음식은 성호르몬인 테스토스테론이나 에스트로겐의 생성을 돕는 영양소(예: 아연, 아르기닌)를 풍부하게 함유하고 있어, 신체적인 활력과 욕구를 증진시키는 데 기여할 수 있다.
- **공유된 경험을 통한 애착 형성:** 심리학적으로 '사랑'은 강렬한 감정일 뿐만 아니라, 함께하는 경험을 통해 깊어지는 '애착 관계'이기도 하다. 연인과 함께 맛있는 음식을 나누어 먹는 행위는, 즐거운 경험을 공유하며 서로에 대한 긍정적인 기억을 쌓고, 이는 친밀감과 유대감을 강화하는 강력한 촉매제가 된다. 옥시토신과 같은 '결

속 호르몬'의 분비를 촉진할 수도 있다.

- **문화적 상징과 플라시보 효과:** 특정 음식이 '사랑의 묘약'이라는 사회적 · 문화적 믿음은 그 자체로 강력한 심리적 효과를 발휘한다. '이것을 먹으면 사랑의 감정이 샘솟는다'는 기대감과 믿음이 실제로 그러한 감정을 느끼게 만드는 일종의 플라시보(Placebo) 효과로 작용하는 것이다.

플라시보(Placebo) 효과란?

플라시보 효과(Placebo Effect)는 효과가 없는 가짜 약이나 치료법을 진짜로 믿고 사용했을 때, 실제 환자의 증상이 호전되는 심리적 · 생리적 현상을 말하며, 라틴어로 '마음에 들게 하다'는 뜻에서 유래했다. 이는 단순히 기분이 좋아지는 것을 넘어, 기대감과 믿음이 뇌의 통증 조절 시스템 등을 활성화시켜 실제로 신체적 변화를 일으키는 것으로, 통증, 우울증, 만성 질환 등 심리 상태와 연관된 증상에서 주로 나타나며 신약 개발 임상시험의 중요한 요소이기도 하다.

주요 특징

- 믿음과 기대: 환자가 약이나 치료를 통해 나아질 것이라는 강한 믿음과 기대가 효과의 핵심 동력이다.
- 뇌의 작용: 뇌의 보상 시스템이나 통증 조절 시스템을 활성화시켜 내인성 아편유사제(엔도르핀 등)를 분비하게 만들어 증상을 완화하는 것으로 알려져 있다.
- 다양한 증상에 효과: 통증, 불안, 우울증, 피로, 일부 관절염, 파킨슨병 등 다양한 질환과 증상에서 관찰된다.
- 맥락의 중요성: 가짜 약의 색깔, 가격, 모양, 의사의 태도 등 치료 맥락이 효과 크기에 영향을 미치기도 한다.
- 오픈 라벨 플라시보: 최근에는 환자에게 '이것은 효과 없는 약이지만, 뇌를 속여 좋아지게 하는 원리를 이용한 것'이라고 알려주고 사용해도 효과가 나타나는 '열린 라벨 플라시보' 연구도 진행되고 있다.

예시

- 감기 환자: 약효 없는 알약을 먹은 환자가 먹지 않은 환자보다 더 빨리 회복
- 수면: 수면제라고 속인 식염수 주사 후 심리적 안정으로 쉽게 잠듦.
- 녹내장: 실제 안압 감소 효과 확인

주의할 점

- 모든 사람에게 동일하게 작용하지 않으며, 과학적 기전이 완전히 밝혀지지 않았다.
- 플라시보 효과에 의존하여 실제 치료를 거부해서는 안 된다.
- 반대로 부정적 기대가 증상을 악화시키는 노시보 효과(Nocebo effect)도 존재한다(예: 스타틴 근육통).

(2) 사랑을 부르는 대표 음식과 그 배경

- **초콜릿:** '사랑의 화학물질'이라 불리는 페닐에틸아민(PEA)을 함유하고 있어, 심장을 두근거리게 하고 기분을 들뜨게 만든다. 또한, 달콤한 맛은 그 자체로 뇌의 쾌감 중추를 자극한다. 밸런타인데이에 초콜릿을 선물하는 것은 이러한 효과와 더불어, 과거 유럽 왕실에서 고급 사치품이었던 초콜릿의 '특별함'을 연인에게 선물한다는 상징적 의미가 결합된 결과이다.
- **와인과 샴페인:** 적당량의 알코올은 중추신경계를 이완시켜 긴장감을 풀어주고, 평소보다 솔직하고 개방적인 대화를 가능하게 한다. 특히 붉은 와인에 풍부한 항산화 물질인 레스베라트롤은 혈액순환을 도와 신체를 활성화한다. 와인을 따르고, 잔을 부딪치고, 향을 음미하는 일련의 낭만적인 리추얼(ritual)은 그 자체로 사랑의 분위기를 고조시킨다.
- **굴과 같은 해산물:** '바다의 우유'라 불리는 굴은 남성 호르몬인 테스토스테론 생성에 필수적인 미네랄인 아연(Zinc)의 최고 공급원 중 하나이다. 로마 시대부터 정력제로 명성이 높았으며, 희대의 바람둥이 카사노바가 즐겨 먹었다는 이야기는 이러한 명성을 더욱 공고히 했다. 부드럽고 매끄러운 식감 또한 관능적인 상상력을 자극한다.
- **무화과와 석류:** 수많은 씨앗을 품고 있는 모양 때문에 고대부터 다산과 풍요, 그리고 사랑의 상징으로 여겨졌다. 클레오파트라가 즐겨 먹었다고 알려진 무화과는 달콤한 맛과 부드러운 식감이 특징이며, 석류는 여성호르몬과 유사한 식물성 에스트로겐을 함유하고 있다.
- **매운 향신료**(고추, 생강 등)**:** 캡사이신 성분은 심박수를 높이고, 혈액순환을 촉진하며, 뇌에서 엔도르핀을 분비하게 한다. 이는 신체적으로 흥분했을 때의 상태와 유사하여, 열정적인 감정을 불러일으키는 효과가 있다.

(3) 로맨틱 투어리즘과의 연계

'사랑을 부르는 음식'은 허니문, 기념일 여행 등 '로맨틱 투어리즘' 시장에서 매우 중요한 콘텐츠로 활용된다.

- **프랑스 파리의 '초콜릿 & 파티세리 투어':** 연인들이 함께 파리의 유서 깊은 초콜릿 가게들을 순례하며 다양한 초콜릿을 맛보고, 쇼콜라티에에게 초콜릿의 역사와 제작 과정을 배우는 투어는 파리의 낭만적인 이미지와 결합하여 특별한 경험을 선사한다.
- **이탈리아 토스카나의 '와이너리 스테이':** 아름다운 포도밭이 내려다보이는 고성(古城)이나 농가에 머무르며, 와인과 함께 현지 식재료로 만든 음식을 즐기는 프로그램은 연인들에게 '달콤한 인생(La Dolce Vita)'을 선물하는 최고의 로맨틱 관광 상품이다.

다음 표는 감정과 음식의 상호작용을 요약한 것이다.

음식	주요 성분 및 특징	심리·생리적 효과	관광 연계 프로그램 사례
초콜릿	페닐에틸아민(PEA), 트립토판	설렘·행복감 촉진, 기분 고양	파리 '초콜릿 & 파티세리 투어,' 벨기에 브뤼헤 초콜릿 워크숍
와인·샴페인	적당량의 알코올, 폴리페놀	긴장 완화, 혈액순환 촉진, 낭만적 분위기 조성	이탈리아 토스카나 와이너리 스테이, 프랑스 샹파뉴 투어
굴	아연(Zinc), 아미노산	성호르몬 생성 촉진, 활력 증진	일본 히로시마 굴 축제, 프랑스 아르카숑 '오이스터 바' 순례
딸기·무화과	붉은 색, 달콤한 맛, 풍부한 씨앗	사랑·열정·풍요의 상징, 긍정적 기분 유발	논산 딸기 축제, 터키 무화과 농장 체험
매운 향신료	캡사이신, 진저롤	심박수 증가, 엔도르핀 분비, 열정적 감정 자극	태국 치앙마이 쿠킹클래스(매운 커리 만들기)

2) 기분 업(up)시키는 음식

우울하거나 무기력한 기분이 들 때, 우리는 자신도 모르게 특정 음식을 찾게 된다. 이는 음식이 우리의 감정과 기분에 직접적인 영향을 미치는 강력한 자극제임을 보여주는 증거이다. '기분을 좋게 만드는 음식(Mood-boosting Food)'은 뇌의 화학 작용에 긍정적인 영향을 미치거나, 감각적인 즐거움을 통해 침체된 기분을 전환하고 활력을 불어넣는 역할을 한다. 여행 중에는 예기치 못한 상황이나 피로로 인해 기분이 저하되기 쉬운데, 이때 기분을 좋게 만드는 음식을 적절히 활용하는 것은 여행의 만족도를 유지하고 긍정적인 경험을 증진시키는 현명한 전략이 될 수 있다.

(1) 기분을 상승시키는 심리 · 생리학적 원리

음식이 기분에 영향을 미치는 원리는 크게 뇌의 화학적 변화와 감각적 자극으로 나누어 볼 수 있다.

- **'행복 화학물질'의 생성 촉진:** 우리 뇌에는 기분을 조절하는 다양한 신경전달물질이 있다.
  - 세로토닌: 안정감과 행복감을 주는 '행복 호르몬'으로, 그 원료가 되는 '트립토판'과 이를 뇌로 잘 운반해 주는 '복합 탄수화물'이 풍부한 음식이 도움이 된다.
  - 도파민: 즐거움과 성취감, 동기 부여와 관련된 '쾌감 호르몬'으로, 원료인 '티로신'이 풍부한 음식이 긍정적인 기분을 유발한다.
  - 엔도르핀: 스트레스를 받을 때 분비되는 '천연 진통제'로, 통증을 완화하고 행복감을 느끼게 한다.
- **안정적인 혈당 유지:** 혈당 수치는 기분과 매우 밀접한 관계가 있다. 설탕이나 정제된 밀가루처럼 혈당을 급격히 올리는 음식은, 일시적으로 기분을 좋게 하지만 이내 혈당이 곤두박질치며 더 큰 무기력감과 짜증을 유발한다. 반면, 통곡물, 단백질, 건강한 지방이 포함된 음식은 혈당을 완만하고 꾸준하게 유지하여 안정적인 에너지와 감정 상태를 뒷받침한다.

✣ **감각을 통한 기분 전환:** 음식의 맛뿐만 아니라, 색, 향, 식감 등도 기분에 영향을 미친다.

- 색채: 빨강, 주황, 노랑 등 밝고 선명한 색상의 음식은 시각적으로도 에너지를 주며 식욕을 돋운다.
- 향기: 상큼한 감귤류의 향은 정신을 맑게 하고, 향긋한 허브 향은 마음을 안정시킨다.
- 식감: 아삭아삭 씹히는 신선한 채소의 경쾌한 식감은 지루함을 깨우고 활력을 준다.

(2) 대표적인 기분 업 음식과 그 배경

✣ **안정적인 행복감을 위한 음식**(세로토닌 촉진)

- 바나나, 귀리: 트립토판과 비타민 B_6, 그리고 복합 탄수화물이 모두 풍부하여 세로토닌 합성을 위한 최적의 조합을 제공한다.
- 발효식품: 장은 '제2의 뇌'라 불리며 세로토닌의 약 90%를 생성한다. 김치, 요구르트, 케피어 등 프로바이오틱스가 풍부한 발효식품은 장 건강을 통해 기분 개선에 기여한다.

✣ **동기 부여와 집중력을 위한 음식**(도파민 촉진)

- 견과류: 아몬드, 호두 등에는 도파민의 원료인 티로신과 뇌 기능에 필수적인 오메가-3 지방산이 풍부하다.
- 다크 초콜릿: 카카오 함량이 높은 다크 초콜릿의 플라보노이드 성분은 뇌 혈류를 증가시켜 집중력과 인지 능력을 높이며, 소량의 카페인과 테오브로민이 기분 좋은 각성 효과를 준다.

✣ **짜릿한 활력을 위한 음식**(엔도르핀 촉진)

- 매운 음식: 고추의 캡사이신이 주는 '통증'에 반응하여 우리 뇌는 고통을 상쇄하기 위해 엔도르핀을 분비한다. '매운맛의 쾌감'은 바로 이 원리에서 비롯되며, 스트레스 해소에 효과적이다.

✣ **상쾌한 기분 전환을 위한 음식**(감각 자극)

- 감귤류: 오렌지, 레몬, 자몽 등의 상큼한 향과 신맛은 침체된 감각을 깨우고 피로를 해소하며 활기를 불어넣는다.
- 녹차: 녹차의 '테아닌' 성분은 커피의 카페인과는 달리, 불안감 없이 집중력을 높이는 '편안한 각성 상태'를 만들어준다.

(3) '행복한 맛'을 찾아 떠나는 관광 프로그램

기분 좋은 음식을 맛보는 경험은 그 자체로 훌륭한 관광 콘텐츠가 될 수 있다.

✣ **제주 감귤 체험:** 푸른 잎사귀 사이로 보이는 주황색 감귤의 선명한 색채 대비, 농장 가득한 상큼한 향기, 그리고 직접 딴 감귤의 달콤한 과즙을 맛보는 경험은 모든 감각을 통해 긍정적인 에너지를 전달하는 대표적인 오감 만족 치유 프로그램이다.

✣ **세계의 매운맛 축제:** 멕시코의 칠리 페스티벌이나 태국의 송크란 축제에서 즐기는 매운 음식들은, 더운 날씨에 땀을 흘리며 스트레스를 날리고, 축제의 유쾌한 흥분과 어우러져 참가자들에게 짜릿한 즐거움을 선사한다.

✣ **스위스 · 벨기에 초콜릿 트레인:** 아름다운 알프스 풍경을 감상하는 기차 여행과, 세계적인 초콜릿 산지를 방문하여 달콤한 초콜릿을 맛보는 체험을 결합한 상품은, 여행객의 기분을 최고조로 끌어올리는 로맨틱하고 행복한 경험을 제공한다.

다음 표는 기분을 좋게 만드는 음식을 연계한 관광 프로그램을 요약한 것이다.

음식	주요 성분 및 특징	심리 · 생리적 효과	관광 연계 프로그램 사례
바나나 · 귀리	트립토판, 복합 탄수화물	안정적인 행복감(세로토닌) 증진	열대 과일 농장 투어, 웰니스 리조트의 건강 조식
견과류 · 다크 초콜릿	티로신, 플라보노이드	동기 부여 및 집중력(도파민) 향상, 뇌 기능 활성화	스위스 초콜릿 공장 견학, 건강 베이킹 클래스
매운 음식	캡사이신	짜릿한 쾌감(엔도르핀) 유발, 스트레스 해소	멕시코 칠리 페스티벌, 사천요리 미식 투어
감귤류 · 녹차	비타민 C, 상큼한 향, 테아닌	피로 해소 및 기분 전환, 편안한 각성 효과	제주 감귤 따기 체험, 보성 녹차밭 다도 체험
발효식품	프로바이오틱스	장-뇌 축을 통한 기분 개선, 소화 촉진	순창 장류 축제, 김치 만들기 체험

3. 스트레스 관리와 음식

1) 불안을 해소하는 음식

불안은 '아직 일어나지 않은 미래의 위협'에 대한 과도한 걱정과 긴장 상태를 말한다. 이러한 심리 상태는 뇌의 신경전달물질 불균형, 급격한 혈당 변화, 그리고 염증 반응과 깊은 관련이 있다. 불안을 해소하는 음식은 이러한 생리적 불균형을 바로잡아, 마치 우리 신경계의 '브레이크' 페달을 부드럽게 밟아주는 것처럼 마음을 차분하게 가라앉히는 역할을 한다.

(1) 불안을 잠재우는 신경화학적 원리

✣ **'안정' 신경전달물질의 활성화**

- GABA, 가바: 가바(GABA)는 뇌의 흥분을 억제하여 평온함을 느끼게 하는 대표적인 신경안정물질이다. 발효식품(김치, 된장 등)이나 일부 차(茶)는 가바 생성을 돕거나 직접 함유하고 있어 신경 안정에 기여한다.
- 세로토닌: '행복 호르몬'인 세로토닌은 불안감을 조절하고 안정적인 기분을 유지하는 데도 중요한 역할을 한다.

✣ **'혈당 롤러코스터' 방지:** 급격한 혈당 저하(저혈당)는 심장 두근거림, 식은땀, 어지러움 등 공황 발작과 유사한 신체 증상을 유발하여 불안감을 증폭시킬 수 있다. 통곡물, 단백질, 건강한 지방이 포함된 식사는 혈당을 완만하게 유지하여, 혈당 변화로 인한 불안 증상을 예방한다.

✣ **장-뇌 축**(Gut-Brain Axis)**의 안정화:** 장내 미생물 환경은 뇌 기능 및 감정 상태와 직접적으로 연결된다. 장내 유익균이 풍부한 건강한 장은 염증 반응을 줄이고, 신

경안정물질의 생성을 도와 불안감을 근본적으로 완화하는 데 도움을 준다.

(2) 마음을 편안하게 하는 대표 음식

- **녹차:** 녹차에 함유된 아미노산인 'L-테아닌'은 뇌의 알파(α)파를 증가시키는 것으로 알려져 있다. 알파파는 명상할 때나 깊이 이완했을 때 나타나는 뇌파로, 테아닌은 커피의 카페인처럼 각성 효과를 주면서도 초조함 없이 '편안한 집중 상태'를 만들어 준다.
- **귀리 및 통곡물:** '자연의 세로토닌 촉진제'라 할 수 있다. 풍부한 복합 탄수화물은 뇌에서 세로토닌 분비를 촉진하고, 마그네슘과 비타민 B군은 신경계의 정상적인 기능에 필수적이다. 아침 식사로 따뜻한 오트밀 한 그릇은 하루 종일 안정적인 기분을 유지하는 데 좋은 시작이 된다.
- **연어 등 등푸른 생선:** 뇌세포의 주요 구성 성분인 오메가-3 지방산(EPA, DHA)은 뇌의 염증을 줄이고 신경전달물질의 흐름을 원활하게 하여 불안 증상을 완화하는 데 효과적이라는 연구 결과가 다수 있다.
- **카모마일 차:** 수 세기 동안 '천연 신경안정제'로 사용되어 온 허브차이다. 카모마일에 함유된 '아피게닌'이라는 항산화 성분이 뇌의 특정 수용체에 결합하여 불안을 줄이고 수면을 유도하는 효과가 있다. 잠들기 전 따뜻한 카모마일 차 한 잔은 하루의 긴장을 푸는 훌륭한 리추얼이 될 수 있다.
- **마그네슘이 풍부한 식품:** 마그네슘은 '천연 이완제'라 불릴 만큼 스트레스 반응을 조절하는 데 중요한 역할을 한다. 시금치와 같은 짙은 잎채소, 아몬드, 다크 초콜릿 등에 풍부하다.

(3) '평온을 찾아 떠나는 여행' 관광 프로그램

불안 해소를 테마로 한 치유음식관광은 빠르게 구경하는 여행이 아닌, 천천히 머무르며 자신을 돌보는 '슬로우 투어리즘(Slow Tourism)'의 형태와 잘 어울린다.

- **일본 교토의 다도(茶道) 체험:** 단순히 차를 마시는 행위를 넘어, 정해진 절차에 따라

찻잎을 데우고, 물을 따르고, 차를 내리는 모든 과정에 온전히 집중하는 명상적 활동이다. 고요한 다실의 분위기와 말차에 풍부한 테아닌 성분이 어우러져, 참가자에게 깊은 평온함과 정신적 맑아짐을 선사한다.

- **북유럽의 '휘게**(Hygge)**' 쿠킹클래스:** '아늑하고 편안한 상태'를 의미하는 덴마크의 휘게 문화를 음식으로 체험하는 프로그램이다. 촛불을 켠 아늑한 주방에 모여, 따뜻한 수프와 갓 구운 빵 등 소박하지만 정성스러운 음식을 함께 만들고 나누어 먹으며, 경쟁과 불안에서 벗어나 소소한 행복과 위안을 얻는다.
- **지중해의 '올리브 명상' 투어:** 고요한 올리브 농장을 천천히 산책하고, 올리브 나무 그늘 아래서 명상을 한 뒤, 신선한 올리브유와 채소, 그리고 오메가-3가 풍부한 해산물로 구성된 지중해식 식사를 즐기는 프로그램은, 자연과 건강한 음식을 통해 불안한 마음을 치유하는 이상적인 경험을 제공한다.

다음 표는 불안 해소를 위한 음식관광 연계 프로그램을 요약한 것이다.

음식	주요 성분 및 특징	심리·생리적 효과	관광 연계 프로그램 사례
녹차	L-테아닌	뇌 알파파 증가, '편안한 집중' 유도, 긴장 완화	일본 교토 다도 체험, 보성 녹차밭 힐링 스테이
귀리·통곡물	복합 탄수화물, 마그네슘	안정적인 세로토ION 분비 촉진, 혈당 안정화	웰니스 리조트의 건강 조식, 스코틀랜드 오트밀 요리 체험
연어 등 등푸른 생선	오메가-3 지방산(EPA, DHA)	뇌 염증 감소, 불안 증상 완화, 인지 기능 개선	노르웨이 피오르드 연어 투어, 캐나다의 연어 낚시 및 요리
카모마일·라벤더 차	아피게닌 등 플라보노이드	신경 안정, 불면증 완화, 심신 이완	유럽 허브 농장 투어, 프로방스 라벤더 축제
발효식품(김치, 요구르트)	프로바이오틱스, GABA	장-뇌 축 안정화, 스트레스 반응 조절	사찰음식의 장아찌 만들기, 불가리아 요구르트 마을 체험

2) 머리 맑아지는 활력 증진 음식

과도한 정보, 멀티태스킹, 그리고 끊임없는 디지털 연결은 현대인의 뇌를 지치게 만든다. 집중력이 떨어지고, 기억력이 감퇴하며, 머릿속에 안개가 낀 것처럼 멍한 '브레인 포

그(Brain Fog)' 상태는 많은 이들이 일상적으로 경험하는 증상이다. '머리를 맑게 하는 활력 증진 음식'은 우리 몸에서 가장 많은 에너지를 소비하는 기관인 뇌에 양질의 연료를 공급하고, 뇌세포를 보호하며, 신경 전달을 원활하게 하여, 지친 뇌를 깨우고 최상의 컨디션으로 회복시키는 역할을 한다. 이는 학업이나 업무에 집중해야 하는 사람뿐만 아니라, 여행지의 새로운 경험을 온전히 즐기고자 하는 관광객에게도 필수적이다.

(1) 뇌 기능을 깨우는 생리학적 원리

- **안정적인 에너지 공급:** 뇌는 우리 몸무게의 약 2%에 불과하지만, 전체 에너지의 20% 이상을 사용하는 '에너지 다소비 기관'이다. 뇌의 주된 에너지원은 포도당인데, 혈당이 급격하게 변동하면 뇌 기능도 함께 요동친다. 통곡물, 콩류 등 복합 탄수화물은 포도당을 서서히 공급하여, 뇌가 안정적으로 에너지를 사용하고 높은 집중력을 유지하도록 돕는다.
- **뇌세포의 구성 및 보호**
  - 오메가-3: 뇌의 약 60%는 지방으로 이루어져 있으며, 그중 상당 부분이 오메가-3 지방산인 DHA이다. DHA는 뇌세포막을 부드럽게 하여 신경전달물질이 원활하게 이동하도록 돕는, 말 그대로 '뇌의 건축 자재'이다.
  - 항산화 물질: 에너지 소비가 많은 만큼, 뇌는 활성산소의 공격에 취약하다. 베리류, 녹색 잎채소 등에 풍부한 항산화 물질은 활성산소로부터 뇌세포를 보호하는 '방어막' 역할을 한다.
- **원활한 혈액순환:** 뇌는 잠시도 쉬지 않고 산소와 영양분을 공급받아야 한다. 플라보노이드(다크 초콜릿, 녹차)나 질산염(비트, 시금치) 등 혈관을 건강하게 하고 혈액순환을 촉진하는 성분은 뇌 기능 활성화에 직접적인 도움을 준다.
- **신경전달물질 생성 지원:** 비타민 B군(통곡물, 계란)은 세로토닌, 도파민 등 기분과 인지 기능을 조절하는 신경전달물질의 합성에 필수적인 조효소이다. 콜린(계란 노른자)은 기억력과 학습 능력에 중요한 아세틸콜린의 원료가 된다.

(2) 대표적인 '브레인 푸드(Brain Food)'

- **블루베리:** '브레인 베리'라는 별명처럼, 뇌 건강에 탁월한 효과를 보인다. 풍부한 항산화 물질인 '안토시아닌'은 혈뇌장벽(Blood-Brain Barrier)을 통과하여 뇌세포를 직접 보호하고, 노화로 인한 기억력 감퇴를 늦추는 데 도움을 준다.
- **견과류**(특히 호두)**:** 호두는 모양부터 뇌를 닮았다. 식물성 오메가-3인 ALA와 비타민 E가 풍부하여 뇌 신경세포를 보호하고 인지 기능 저하를 막는 데 효과적이다. 아몬드는 집중력과 기억력 향상에 도움을 주는 리보플라빈과 L-카르니틴을 함유하고 있다.
- **녹차와 커피:** 녹차의 'L-테아닌'과 '카페인'의 조합은 불안감 없이 집중력을 높이는 '스마트 카페인' 효과를 낸다. 커피의 카페인 역시 적당량 섭취 시, 각성 효과를 통해 집중력과 주의력을 단기적으로 향상시키는 데 효과적이다.
- **연어 등 등푸른 생선:** 뇌 기능에 필수적인 오메가-3 지방산, DHA와 EPA의 가장 직접적이고 풍부한 공급원이다. 꾸준히 섭취할 경우 학습 능력과 기억력 개선에 도움을 줄 수 있다.
- **계란:** '완전식품' 계란, 특히 노른자에는 기억력에 중요한 신경전달물질의 원료인 '콜린'과 뇌세포 손상을 막는 항산화 성분인 루테인, 제아잔틴이 풍부하다.
- **비트:** 풍부한 질산염이 체내에서 산화질소로 전환되어 혈관을 확장시키고, 뇌로 가는 혈류량을 증가시켜 인지 기능을 활성화하는 데 도움을 준다.

(3) '스마트한 여행'을 위한 관광 프로그램

- **'브레인 푸드' 쿠킹클래스:** '기억력 증진을 위한 지중해식 요리,' '수험생을 위한 총명 밥상 만들기' 등 명확한 테마를 가진 쿠킹클래스는 관광객에게 재미와 함께 실용적인 건강 지식을 제공한다.
- **'슈퍼푸드' 농장 투어:** 미국 메인 주의 블루베리 농장이나 캘리포니아의 아보카도 농장을 방문하여, 해당 식품의 효능에 대한 설명을 듣고, 직접 수확하여 신선하게

맛보는 체험은 그 자체로 '건강'을 테마로 한 매력적인 관광 상품이다.

- **한국의 전통차 명상 체험:** 사찰이나 고즈넉한 찻집에서 다도(茶道) 전문가의 지도에 따라 차를 마시는 법을 배우고, 차의 향과 맛에 온전히 집중하며 명상하는 프로그램은 복잡한 머릿속을 정리하고 정신적 맑음을 되찾는 경험을 선사한다.

다음 표는 머리를 맑아지게 하는 활력 증진 음식을 관광과 연계한 내용을 요약한 것이다.

음식	주요 성분 및 특징	두뇌·심리적 효과	관광 연계 프로그램 사례
블루베리	안토시아닌	기억력 향상, 뇌세포 노화 방지	미국 메인주 블루베리 축제, 캐나다 베리 농장 체험
견과류(호두)	식물성 오메가-3, 비타민 E	집중력 강화, 뇌 신경세포 보호	캘리포니아 아몬드 농장 투어, 건강 베이킹 클래스
녹차·커피	L-테아닌, 카페인	'편안한 각성' 효과, 집중력 및 주의력 향상	보성 녹차밭 다도 체험, 콜롬비아 커피 농장 투어
연어 등 등푸른 생선	오메가-3(DHA, EPA)	인지 기능 개선, 학습 능력 향상	노르웨이 피오르드 연어 낚시, 일본 어시장 투어
계란·비트	콜린, 질산염	기억력 증진, 뇌 혈류량 증가	팜투테이블 브런치 체험, 디톡스 주스 만들기 클래스

4. 정서적 먹방 및 과식

현대 사회는 풍요의 시대이지만, 동시에 많은 사람들이 심리적 허기에 시달리는 시대이기도 하다. '정서적 섭식(Emotional Eating)'은 바로 이러한 심리적 허기를 음식으로 채우려는 시도이다. 이는 생리적인 배고픔이 아닌, 스트레스, 불안, 외로움, 우울, 지루함 등 부정적인 감정을 해소하거나 긍정적인 감정을 증폭시키기 위해 음식을 찾는 행위를 말한다. 이러한 현상이 극단적으로 나타나는 것이 '과식'이며, 온라인 플랫폼을 통해 타인의 과식을 시청하며 대리 만족을 얻는 '먹방' 문화 역시 이와 깊은 관련이 있다. 치유음식관광은 이러한 정서적 섭식의 근본적인 원인을 이해하고, 이를 건강한 방식으로 전환할 수 있는 치유적 대안을 제시해야 할 필요가 있다.

1) 정서적 섭식과 '먹방' 문화의 심리학

- **신체적 허기와 감정적 허기의 차이:** 신체적 허기는 점진적으로 찾아오고, 다양한 음식을 원하며, 식사 후 포만감과 만족감을 느낀다. 반면, 감정적 허기는 갑작스럽게 찾아오고, 주로 고지방·고당분의 특정 음식(컴포트 푸드)을 갈망하며, 식사 후에는 만족감 대신 죄책감이나 후회를 느끼는 경우가 많다. 이 둘을 구분하는 것이 정서적 섭식 문제 해결의 첫걸음이다.
- **'먹방'의 대리 만족과 부작용:** 1인 가구의 증가와 사회적 고립감의 심화 속에서, '먹방(Mukbang)'은 누군가와 함께 식사하는 듯한 '가상적 공동식사(Virtual Commensality)' 경험을 제공하며 외로움을 달래주는 역할을 한다. 또한, 다이어트 등으로 특정 음식을 제한하는 사람들에게는 먹는 모습을 보며 대리 만족을 느끼게 하는 창구가 되기도 한다. 하지만, 자극적이고 엄청난 양의 음식을 먹는 모습에 반복적으로 노

출되는 것은, 정상적인 식사량에 대한 감각을 무디게 만들고 과식을 정상적인 것으로 인식하게 하여, 시청자들의 건강하지 않은 식습관을 유발하거나 악화시킬 수 있다는 비판도 존재한다.

2) 과식을 부르는 심리적 메커니즘

과식은 단순히 의지가 약해서 생기는 문제가 아니라, 복잡한 심리적·생리적 요인이 얽혀있는 현상이다.

- **스트레스와 코르티솔의 함정:** 만성적인 스트레스에 시달리면 우리 몸은 스트레스 호르몬인 '코르티솔'을 분비한다. 코르티솔은 뇌에 '에너지를 비축하라'는 신호를 보내, 빠르고 확실한 에너지원인 고지방, 고당분 음식을 강렬하게 원하게 만든다. 이는 원시 시대에는 생존에 유리한 방식이었지만, 현대 사회에서는 비만과 대사증후군으로 이어지는 악순환의 고리가 된다.
- **보상 심리와 습관의 고리:** 힘든 하루를 보낸 뒤 '이 정도는 먹어도 괜찮아'라며 음식으로 스스로를 보상하는 행위가 반복되면, 뇌에는 '스트레스=보상(음식)'이라는 강력한 신경 회로가 형성된다. 이후에는 스트레스 상황 자체가 특정 음식을 갈망하는 강력한 '방아쇠(Trigger)' 역할을 하게 된다.
- **감정 회피의 수단:** 때로는 음식을 먹는 행위 자체가 불편한 감정을 느끼지 않기 위한 회피 수단으로 사용된다. 음식을 먹는 동안에는 잠시나마 불안이나 우울감에서 벗어날 수 있기 때문이다. 하지만 이는 근본적인 문제 해결이 아니므로, 결국 더 큰 허기와 감정적 문제로 이어지게 된다.

3) 건강한 관계 맺기: 치유음식관광의 역할과 대안

치유음식관광의 목표는 특정 음식을 금지하는 것이 아니라, 참가자들이 음식과 자신의 감정을 건강하게 바라보고, 새로운 관계를 맺도록 돕는 것이다. 이는 '통제'가 아닌 '자각'과 '전환'에 초점을 맞춘다.

- **마음챙김 식사**(Mindful Eating) **프로그램:** 정서적 섭식에 대한 가장 효과적인 치유적 대안이다. 참가자들은 전문가의 지도하에, 음식을 먹기 전 자신의 감정 상태와 신체적 배고픔의 정도를 먼저 관찰한다. 그리고 식사 중에는 음식의 색, 향, 맛, 식감 하나하나에 온전히 집중하며, 내 몸이 보내는 '배부름'의 신호를 알아차리는 훈련을 한다. 이는 음식에 대한 자동적인 반응을 멈추고, 의식적인 선택을 하도록 돕는다.
- **'다양한 맛의 향연' 제공:** 과식을 유발하는 대용량 뷔페 대신, 다채로운 종류의 음식을 소량씩 맛볼 수 있는 '테이스팅 메뉴'나 '한상차림'을 제공한다. 이는 양이 아닌 '질'과 '다양성'을 통해 만족감을 극대화하는 전략으로, 과식 없이도 풍성한 미식 경험을 가능하게 한다.
- **비**(非)**음식적 치유 활동의 결합:** 정서적 허기를 채울 수 있는 건강한 대안 활동을 함께 제공하는 것이 중요하다. 아름다운 자연 속을 걷는 숲길 트레킹, 심신을 이완시키는 요가와 명상, 창의적인 에너지를 발산하는 예술 치료, 그리고 다른 사람들과 진솔한 대화를 나누는 그룹 활동 등은 음식이 아닌 다른 방식으로도 충분히 위로와 만족을 얻을 수 있음을 깨닫게 한다.

다음 표는 정서적 장애로 인한 먹방과 과식에 대한 대안 프로그램을 요약한 것이다.

구분	주요 특징 및 심리적 원인	부정적 영향	치유적 대안 프로그램
정서적 섭식	감정적 허기를 음식으로 해소하려는 시도	근본적인 감정 문제 미해결, 음식 의존성	마음챙김 식사 워크숍, 신체적·감정적 허기 구분 훈련
과식	스트레스(코르티솔), 보상 심리, 습관적 회피	체중 증가, 소화기 질환, 자존감 하락, 죄책감	소량 다품종 테이스팅 메뉴, 건강한 조리법 쿠킹클래스
먹방 문화	타인의 섭식을 통한 대리만족, 가상적 공동식사	과식의 정상화, 비현실적 식사량 기준 제시	소셜 다이닝(Social Dining), 커뮤니티 쿠킹 프로그램

10장

THE THEORY OF HEALING FOOD AND TOURISM

교육과 연구를 통한 치유음식관광 역량 강화

1. 치유음식관광 분야의 교육 및 연구 활동 소개

하나의 트렌드가 지속가능한 산업이자 깊이 있는 학문 분야로 뿌리내리기 위해서는, 체계적인 '교육'을 통해 전문가를 양성하고, 끊임없는 '연구'를 통해 그 지식의 기반을 단단히 다지는 과정이 반드시 필요하다. 치유음식관광 역시 마찬가지이다. '음식으로 몸과 마음을 치유하는 여행'이라는 매력적인 개념이 단순한 구호에 그치지 않고, 신뢰도 높은 산업으로 성장하기 위해서는 교육과 연구라는 두 날개가 필수적이다. 교육은 연구를 통해 축적된 지식을 현장에 적용할 인재를 길러내고, 연구는 교육과 현장에서 제기된 질문에 답하며 새로운 지평을 연다. 이 둘은 서로를 성장시키는 공생 관계에 있다.

1) 미래를 준비하는 전문가 양성: 교육 활동의 주요 방향

치유음식관광은 여러 학문이 교차하는 융복합 분야이므로, 한 가지 분야의 지식만으로는 전문가가 되기 어렵다. 따라서 교육 과정 역시 다학제적이고 실용적인 접근을 지향해야 한다.

✣ **학제 간 융합 교육의 필수성:** 성공적인 치유음식관광 전문가는 여러 분야를 아우르는 통섭형 인재여야 한다.

- 관광학: 상품 개발, 마케팅, 환대 서비스의 원리를 이해하고,
- 식품영양학: 음식의 효능과 영양학적 설계를 담당하며,
- 조리학: 이를 맛있게 구현하고,
- 심리학: 관광객의 치유 동기를 이해하고 공감하며,
- 농・임・수산학: 식재료의 생태와 지속가능성을 고려하고,
- 문화인류학: 음식에 담긴 역사와 문화를 스토리텔링 할 수 있어야 한다.

따라서 대학의 교육과정은 이들 학문 간의 벽을 허무는 융합 전공이나 연계 과정의 형태로 발전하고 있다.

- **현장 중심의 실무 역량 강화:** 이론 교육만으로는 급변하는 관광 시장에 대응할 수 없다. 지역의 농가, 웰니스 리조트, 치유마을, 사회적 기업 등과 연계한 현장실습(인턴십)을 통해, 학생들은 실제 프로그램을 기획하고, 고객을 응대하며, 문제를 해결하는 실무 능력을 기를 수 있다. 학생들이 지역사회의 문제를 발굴하고 그 해결책으로 치유음식관광 프로그램을 직접 설계해보는 '캡스톤 디자인'과 같은 프로젝트 기반 학습도 효과적이다.
- **저변 확대를 위한 평생교육:** 치유음식관광은 정규 학위과정뿐만 아니라, 일반 대중과 현업 종사자를 위한 평생교육의 형태로도 확산되고 있다. 기존의 관광업 종사자를 위한 '웰니스 관광 전문가 과정,' 조리사를 위한 '푸드테라피 과정,' 그리고 건강에 관심 있는 일반인을 위한 '우리 가족 건강 밥상' 강좌 등은 치유음식관광에 대한 사회 전반의 인식을 높이고 잠재적 소비층을 육성하는 역할을 한다.

2) 학문적 토대 구축: 연구 활동의 주요 주제

연구 활동은 치유음식관광의 효과를 과학적으로 입증하고, 산업의 방향성을 제시하며, 정책적 기반을 마련하는 역할을 한다.

- **치유 효과의 과학적 검증:** '이 음식을 먹으니 기분이 좋아졌다'는 주관적 경험을 넘어, 객관적인 데이터로 그 효과를 증명하는 연구가 필수적이다. 특정 치유음식 식단이 스트레스 호르몬(코르티솔) 수치나 면역세포(NK세포) 활성도에 미치는 영향을 분석하는 임상 연구, 전통 식재료에 함유된 특정 기능성 성분(폴리페놀, 테아닌 등)의 효능을 분석하는 생화학 연구 등이 여기에 해당한다.
- **관광객 수요 및 시장 분석:** '누가, 왜, 어떤 치유음식관광을 원하는가?'에 대한 답을 찾는 연구이다. 설문조사, 심층 인터뷰, 빅데이터 분석 등을 통해 웰니스 관광객의 인구통계학적 특성, 여행 동기, 선호하는 프로그램, 지불 의사 등을 파악하여 시장의 요구에 맞는 상품 개발의 기초 자료를 제공한다.

❖ **지속가능성 및 정책 연구:** 치유음식관광이 지역사회에 미치는 경제적・사회적・환경적 영향을 종합적으로 분석하고, 그 긍정적 효과를 극대화하기 위한 정책을 연구한다. 로컬푸드 시스템이 지역 경제에 미치는 파급 효과 분석, 주민 참여형 관광 모델의 성공 조건, 관련 산업 육성을 위한 법・제도 개선 방안 등이 주요 연구 주제이다.

❖ **국내외 비교 연구:** 해외의 선진적인 치유음식관광 사례(일본의 온천 료칸, 이탈리아의 아그리투리스모 등)를 심층적으로 분석하고, 그 성공 요인을 벤치마킹하여 국내 상황에 맞는 발전 전략과 정책적 시사점을 도출한다.

3) 지식 생태계의 구축: 산・학・연・관의 협력

치유음식관광의 역량 강화는 대학이나 연구소만의 노력으로 이루어지지 않는다. 산업체(산), 대학(학), 연구소(연), 그리고 정부(관)가 각자의 역할을 수행하며 긴밀하게 협력하는 '지식 생태계'가 구축되어야 한다.

❖ **[사례] '제주형 해양치유 프로그램 개발' 프로젝트:** (관)제주특별자치도가 프로젝트를 기획하고 예산을 지원하면, (학)제주대학교 관광 및 해양생물 관련 학과에서 이론적 기반과 인력을 제공하고, (연)해양수산 관련 연구소에서 해조류의 효능을 과학적으로 검증하며, (산)지역의 호텔과 여행사는 이를 바탕으로 실제 관광객이 체험할 수 있는 웰니스 패키지 상품을 개발하고 판매하는 유기적인 협력 모델을 구축할 수 있다.

다음 표는 치유음식관광 연구의 활동 방향을 요약한 것이다.

구분	교육 활동의 방향	연구 활동의 주제	기대 효과 및 목표
전문 인력 양성	치유음식 셰프, 웰니스 코디네이터, 푸드 스토리텔러 등 전문 직무 교육	직무 역량 모델링, 표준 교육과정 개발 연구	현장 수요에 부응하는 산업 전문성 강화
학제 간 융합	관광학, 영양학, 심리학, 문화콘텐츠학 등 융합 교육과정 개설	음식, 신체, 정신의 통합적 치유 효과 검증	복합적인 문제 해결 능력을 갖춘 통섭형 인재 양성

현장 중심 실천	지역사회 연계 인턴십, 캡스톤 디자인, 현장 전문가 특강	지역 특화 프로그램 개발 및 효과성 평가 연구	이론과 실제의 격차 해소, 현장 적용성 강화
대중적 저변 확대	온라인 공개강좌(MOOC), 평생교육원 강좌, 시민 대상 워크숍	일반인의 치유음식 소비 행태 및 인식 변화 연구	국민 건강 인식 제고, 잠재적 관광 수요층 육성

2. 치유음식과 관광 분야에서의 진로와 경력 개발

치유음식관광은 관광, 식품, 농업, 해양, 산림, 문화, 예술, 보건 등 수많은 산업이 교차하는 '블루오션(Blue Ocean)' 영역으로, 새로운 시대가 요구하는 창의적이고 융합적인 직업들이 탄생하는 보고(寶庫)이다. 이 분야는 정해진 길이 없는 대신, 자신의 관심사와 강점을 바탕으로 스스로 길을 만들어 나가는 개척자들에게 무한한 기회를 제공한다. 성공적인 경력 개발을 위해서는 특정 분야의 전문성과 함께, 여러 분야를 아우르는 폭넓은 시야를 갖추는 것이 무엇보다 중요하다.

1) 새롭게 떠오르는 직업들: 주요 진로 분야

- **치유음식관광 기획자**(The Experience Architect): 치유음식관광의 '총감독'이다. 시장 트렌드를 분석하고, 지역의 숨겨진 자원을 발굴하며, 이를 바탕으로 매력적인 관광 상품과 프로그램을 설계한다. 음식, 숙박, 체험, 교육, 마케팅 등 모든 요소를 조율하여 하나의 완성된 '치유 여정'을 만들어내는 역할을 한다. 창의적인 아이디어와 비즈니스 감각을 동시에 요구한다.
- **치유음식 셰프 및 메뉴 개발자**(The Food Alchemist): 단순히 맛있는 음식을 만드는 요리사를 넘어, 음식의 영양학적, 치유적 효능까지 고려하여 메뉴를 개발하는 전문가이다. 전통 조리법을 현대적으로 재해석하거나, 특정 건강 테마(예: 면역력 강화, 디톡스)에 맞는 코스 요리를 설계한다. 식재료에 대한 깊은 이해와 함께, 음식에 담긴 이야기를 풀어내는 스토리텔러의 역량도 필요하다.
- **웰니스 관광 해설사**(The Wellness Storyteller): 관광객과 가장 가까이에서 소통하며 치유의 경험을 안내하는 '현장 전문가'이다. 아름다운 풍경을 설명하는 것을 넘어,

그 속에서 자라는 약초의 효능을 알려주고, 사찰음식에 담긴 불교 철학을 해설하며, 관광객이 자신의 몸과 마음에 집중하도록 돕는다. 깊이 있는 지식과 함께, 높은 수준의 공감 및 소통 능력이 필수적이다.

- **치유관광 컨설턴트**(The Strategist): 풍부한 현장 경험과 전문 지식을 바탕으로, 새로운 치유음식관광 사업을 시작하려는 지자체나 기업에 전문적인 자문을 제공한다. 지역 자원 분석, 사업 타당성 검토, 브랜드 전략 수립, 마케팅 방안 제시 등 프로젝트 전반을 이끄는 역할을 한다.
- **교육 및 연구 전문가**(The Scholar): 대학이나 연구소에서 치유음식관광 분야의 학문적 발전을 이끄는 역할을 한다. 새로운 이론을 정립하고, 치유 효과를 과학적으로 검증하며, 다음 세대를 이끌어갈 전문 인력을 양성한다.

2) 성공을 위한 필수 역량: 'T자형 인재'가 되라

치유음식관광 분야의 전문가는 깊이 있는 전문성('T'의 수직 기둥)과 폭넓은 연계 지식('T'의 수평 기둥)을 모두 갖춘 'T자형 인재'가 되어야 한다.

T자형 인재(T-shaped Person)**란?**

성공적인 커리어 구축을 위해 자주 언급되는 'T자형 인재(T-shaped Person)'는 특정 분야의 깊이 있는 전문성과 타 분야에 대한 폭넓은 이해를 동시에 갖춘 사람을 의미한다.

과거에는 한 우물만 파는 'I자형 인재'가 환영받았지만, 현대처럼 복합적인 문제를 해결해야 하는 시대에는 T자형 인재가 강력한 경쟁력을 가진다.

1. T자형 인재의 구조

T자형 인재는 두 가지 축이 결합된 형태이다.

- 수직 축(Vertical Bar): 전문지식(Depth)
  - 자신만의 확실한 전공 분야나 핵심 기술을 의미한다.
  - "이 분야만큼은 누구에게도 뒤지지 않는다"라고 할 수 있는 깊이 있는 역량이다.
  - 문제의 근본적인 원인을 파악하고 실제 결과물을 만들어내는 힘이 여기서 나온다.
- 수평 축(Horizontal Bar): 연계 지식과 공감 능력(Breadth)
  - 자신의 전문 분야 외에 마케팅, 디자인, 심리학, 비즈니스 등 인접 분야에 대한 폭넓은 지식이다.

- 타 부서 전문가들과 원활하게 소통하고 협업할 수 있게 해주는 '언어'와 '시야' 역할을 한다.
- 서로 다른 아이디어를 연결하여 혁신을 만들어내는 토대가 된다.

2. 왜 T자형 인재가 성공하는가?

- 협업의 촉매제 역할: 개발자가 디자인과 마케팅을 이해하고 있다면, 단순히 코드만 짜는 것이 아니라 제품의 사용자 경험(UX)과 시장 가치를 고려하며 소통하게 된다. 이는 팀의 생산성을 극대화한다.
- 적응력과 유연성: 기술 트렌드는 빠르게 변한다. 넓은 지식을 가진 사람은 자신의 전문 분야가 위협받을 때 인접 분야로 빠르게 확장하거나 새로운 기술을 습득하기 수월하다.
- 창의적 문제 해결: 혁신은 대개 '서로 다른 분야의 만남'에서 발생한다. T자형 인재는 전문성을 바탕으로 타 영역의 아이디어를 빌려와 창의적인 해답을 제시한다.

3. T자형 인재가 되기 위한 전략

- Step 1: 확실한 뿌리 내리기(I자형 완성): 먼저 자신의 메인 분야에서 충분한 숙련도를 쌓아야 한다. 뿌리가 깊지 않은 T자는 쉽게 쓰러진다.
- Step 2: 인접 분야로 가지 뻗기: 내 업무와 가장 밀접하게 연결된 타 부서의 업무 프로세스를 공부해야 한다. 예를 들어, 기획자라면 기본적인 데이터 분석이나 코딩 논리를 배워보는 식이다.
- Step 3: 커뮤니케이션 기술 연마: 다양한 배경을 가진 사람들과 대화하며 그들의 관점을 이해하려는 노력이 필요하다.

❖ **전문 지식**(Hard Skills): 관광학, 식품영양학, 조리학, 심리학, 문화콘텐츠학 등 자신의 핵심 전공 분야에 대한 깊이 있는 지식은 기본이다. 여기에 더해, 지속가능한 농업, 디지털 마케팅, 데이터 분석, 식품위생법규 등 실무와 관련된 지식도 필수적이다.

❖ **융합 역량**(Soft Skills)

- 소통과 공감: 관광객, 지역 주민, 전문가 등 다양한 이해관계자와 원활하게 소통하고 그들의 필요에 공감하는 능력
- 창의적 기획력: 흩어져 있는 자원들을 새롭게 연결하여 독창적인 상품으로 만들어내는 능력
- 문제 해결 능력: 현장에서 발생하는 예기치 못한 문제에 유연하게 대처하는 능력

❖ **글로벌 감각**(Global Mindset): 외국어 능력은 물론, 세계 각국의 웰니스 트렌드를 파악하고, 다양한 문화적 배경을 가진 관광객을 이해하며, 우리의 콘텐츠를 세계 시장에 맞게 재구성할 수 있는 국제적인 시야가 요구된다.

3) 나만의 길을 만들다: 다양한 경력 개발 경로

- **학문적 경로**(The Academic Path): 관련 분야 학사 학위 취득 후, '웰니스 관광,' '푸드테라피,' '대안 관광' 등 특화된 주제로 국내외 대학원에 진학하여 석·박사 학위를 취득한다. 이후 국책 연구기관이나 대학에서 연구원 또는 교수로 활동하며 해당 분야의 학문적 발전에 기여한다.
- **산업적 경로**(The Industry Path): 웰니스 리조트, 호텔, 전문 여행사, 건강식품 회사 등에 취업하여 실무 경험을 쌓는다. 상품 개발, 마케팅, 운영 등 현장의 다양한 직무를 경험하며 전문성을 키운 뒤, 해당 분야의 시니어 매니저나 독립 컨설턴트로 성장할 수 있다.
- **창업 경로**(The Entrepreneurial Path): 자신만의 아이디어와 철학을 바탕으로 새로운 사업을 시작하는 가장 도전적인 길이다. 지역의 특산물을 활용한 '치유 도시락' 배달 서비스, 고택을 개조한 '쿠킹 스튜디오 겸 팜스테이,' 특정 질환자를 위한 '맞춤형 건강식' 온라인 플랫폼 등 창업의 기회는 무궁무진하다.
- **공공 부문 경로**(The Public Path): 지방자치단체의 관광과나 농업기술센터, 혹은 한국관광공사와 같은 공공기관에 소속되어, 치유음식관광 관련 정책을 수립하고, 지역 브랜드를 홍보하며, 관련 산업을 육성하는 등 공익적인 역할을 수행한다.

다음 표는 치유음식관광과 관련한 진로 분야를 요약한 것이다.

진로 분야	주요 역할 및 업무	핵심 필요 역량	대표적인 경력 개발 경로
치유음식관광 기획자	관광상품 및 프로그램 개발, 코스 설계, 이벤트 운영	창의적 기획력, 시장 분석 능력, 프로젝트 관리 능력	여행사 / 리조트 상품개발팀 → 독립 기획자 / 컨설턴트
치유음식 셰프/연구자	건강 식단 및 메뉴 개발, 전통음식의 현대적 재해석	조리 기술, 식품영양학 지식, 식재료에 대한 이해	조리 / 식품 관련 학위 → 레스토랑 경력 → 메뉴 개발 R&D
웰니스 관광 해설사	관광객 대상 전문 해설, 체험 프로그램 진행 및 교육	깊이 있는 인문학적 지식, 공감 및 소통 능력	문화관광해설사 교육 이수 → 현장 경험 축적 → 전문 강사
치유관광 컨설턴트	지자체·기업 대상 정책 및 사업 모델 자문	풍부한 현장 경험, 분석력, 전략 수립 능력	다년간의 산업 / 학문 경험 → 독립 컨설팅 펌 창업
교육·연구 전문가	대학 강의 및 학술 연구, 전문 인력 양성	특정 분야의 깊이 있는 지식, 연구 설계 및 분석 능력	관련 분야 석·박사 학위 취득 → 연구소 / 대학 임용

3. 연구주제와 연구 방법론 소개

치유음식관광이라는 새로운 분야가 학문적으로 깊이를 더하고, 산업적으로 신뢰를 얻기 위해서는 체계적이고 엄밀한 연구 활동이 뒷받침되어야 한다. 연구는 '이 음식이 몸에 좋다더라'는 막연한 기대를 넘어, '왜, 어떻게, 그리고 누구에게 좋은가?'라는 질문에 대한 과학적인 근거를 제시하는 과정이다. 또한, 성공적인 관광 상품을 개발하고 정책을 수립하기 위한 객관적인 데이터를 제공하는 역할도 한다. 이 절에서는 미래의 연구자들이 탐구해 볼 만한 주요 연구주제와, 그에 맞는 연구 방법론을 소개하여 이 분야의 학문적 발전을 위한 로드맵을 제시하고자 한다.

1) 탐구의 영역: 주요 연구주제 제안

치유음식관광은 다학제적 성격이 강한 만큼, 연구주제 역시 다양한 분야에 걸쳐 무궁무진하게 발굴될 수 있다.

- **[효과 검증] 치유음식의 임상적 · 심리적 효과 연구:** 이는 치유음식관광의 정당성을 확보하는 가장 근본적인 연구이다. "템플스테이의 사찰음식 프로그램이 참가자의 스트레스 호르몬(코르티솔) 수치와 심리적 안녕감(Perceived Stress Scale)에 미치는 영향 분석," "해양치유 식단이 아토피 환자의 피부 상태 및 염증 지표에 미치는 효과 연구" 등 구체적인 건강 지표를 활용한 연구가 필요하다.
- **[관광객 분석] 웰니스 관광객의 행동 및 동기 연구:** '누가' 치유음식관광을 원하는지를 파악하는 시장 중심적 연구이다. "치유음식관광 목적지 선택에 영향을 미치는 요인 분석," "관광객 유형별(예: 가족, 연인, 1인) 선호하는 치유음식 프로그램 비교 연구," "체험 만족도가 재방문 의도 및 구전 효과에 미치는 영향" 등을 통해 효과적

인 마케팅 전략을 수립할 수 있다.

- ❖ **[지역사회 영향] 치유음식관광의 경제 · 사회적 파급 효과 연구:** 관광이 지역사회에 미치는 영향을 다각도로 분석한다. "특정 음식 축제가 지역 경제에 미치는 승수효과(Multiplier Effect) 분석," "주민 주도형 치유음식관광이 공동체 의식 및 사회적 자본에 미치는 영향에 대한 질적 사례 연구" 등을 통해 지속가능한 발전 모델을 모색한다.
- ❖ **[콘텐츠 및 정책] 프로그램 개발 및 정책 연구:** "특정 지역 특산물(예: 인삼, 톳)을 활용한 고부가가치 치유음식관광 프로그램 개발 연구," "국내외 치유음식관광 정책 비교 분석을 통한 한국형 모델 제안," "치유농업 활성화를 위한 법 · 제도 개선 방안 연구" 등 실질적인 산업 발전에 기여하는 연구가 요구된다.

2) 탐구의 도구: 연구 방법론의 이해와 적용

어떤 질문을 던지는가? 만큼이나, 그 질문에 어떻게 답을 찾아갈 것인가 하는 연구 방법론의 선택이 중요하다. 연구주제의 성격에 따라 적절한 방법론을 선택하거나, 여러 방법론을 함께 사용해야 한다.

- ❖ **정량적 연구**(Quantitative Research)**:** '얼마나,' '어떤 관계가 있는지' 등 수치로 측정하고 통계적으로 분석하여 일반화된 경향성을 파악하는 데 중점을 둔다.
  - 설문조사: 다수의 관광객을 대상으로 만족도, 소비 패턴, 행동 의도 등을 측정하는 가장 보편적인 방법이다.
  - 통계분석: 수집된 데이터를 바탕으로 회귀분석, 요인분석, 구조방정식모델링 등을 활용하여 변수 간의 인과관계를 분석한다.
- ❖ **정성적 연구**(Qualitative Research)**:** '왜,' '어떻게' 등 현상의 이면에 있는 깊은 의미와 맥락을 이해하는 데 중점을 둔다.
  - 심층 인터뷰: 소수의 참가자를 대상으로 그들의 생생한 경험과 인식을 깊이 있게 탐색한다.
  - 참여 관찰 / 민족지학: 연구자가 직접 특정 커뮤니티나 프로그램에 장기간 참여

하며 그들의 문화를 총체적으로 이해하고 기술한다.

- 사례 연구: 하나의 특정 사례(예: 성공적인 치유마을)를 집중적으로 분석하여 성공 요인을 심층적으로 도출한다.

❖ **실험 연구**(Experimental Research): 인과관계를 가장 명확하게 밝힐 수 있는 방법이다.

- 무작위 통제 실험, RCT: 연구 대상을 실험군(치유음식 프로그램 참여)과 통제군(일반 관광 프로그램 참여)으로 무작위 배정하고, 프로그램 전후의 건강 지표 변화를 비교하여 프로그램의 순수한 효과를 검증한다. 관광 현장에서의 적용은 어렵지만, 그 과학적 신뢰도는 가장 높다.

❖ **혼합 연구**(Mixed-Methods Research): 정량적 연구와 정성적 연구를 결합하여 양쪽의 장점을 모두 취하는 접근법이다. 예를 들어, 심층 인터뷰(정성)를 통해 치유음식관광의 만족 요인에 대한 가설을 설정한 뒤, 대규모 설문조사(정량)를 통해 이 가설을 검증하고 일반화하는 방식이다. 이는 현상에 대한 폭넓고도 깊이 있는 이해를 가능하게 한다.

다음 표는 치유음식과 관련한 적합한 연구방법론을 요약한 것이다.

주요 연구주제	적합한 연구 방법론	기대 성과 및 활용 방안
치유음식의 건강 효과 검증	실험 연구(RCT), 생체 지표 분석, 종단 연구	음식의 치유 기능에 대한 과학적 근거 확보, 상품의 신뢰도 제고
관광객 행동 및 수요 분석	설문조사, 빅데이터 분석, 심층 인터뷰, 요인분석	시장 세분화 및 타겟 마케팅 전략 수립, 맞춤형 상품 개발
지역경제 파급 효과 분석	산업연관분석, 비용편익분석, 통계 데이터 분석	정책 입안 및 예산 확보를 위한 객관적 근거 자료 제공
지속가능성 모델 연구	사례 연구, 민족지학(Ethnography), 참여 관찰	환경·사회·경제를 고려한 한국형 지속가능 모델 개발
문화·심리적 가치 탐구	심층 인터뷰, 포커스 그룹 인터뷰(FGI), 혼합 연구	관광객의 정서적 경험과 문화적 의미에 대한 깊이 있는 이해

11장

THE THEORY OF HEALING FOOD AND TOURISM

레시피 연구 및 프로젝트

1. 다양한 치유음식관광 관련 레시피 연구

치유음식관광의 성패는 결국 '어떤 음식을, 어떻게 경험하게 할 것인가'라는 질문에 달려있다. 이 질문에 대한 답을 찾는 과정이 바로 '레시피 연구'이다. 여기서 레시피 연구는 단순히 조리법을 기록하는 것을 넘어, 특정 음식이 가진 영양학적 효능, 문화적 배경, 그리고 지역의 정체성을 탐구하고, 이를 관광객이 매력적으로 느낄 수 있는 하나의 '경험'으로 설계하는 총체적인 활동을 의미한다. 이는 요리, 영양학, 역사, 문화, 관광학이 교차하는 융복합적 연구 분야이며, 모든 치유음식관광 콘텐츠 개발의 가장 구체적이고 실질적인 출발점이다.

1) 레시피 연구의 네 가지 핵심 원칙

성공적인 치유음식관광 레시피는 다음의 네 가지 요소를 균형 있게 갖추어야 한다.

- **과학적 기능성**(Function): '몸에 좋다'는 전통적 믿음을 넘어, 현대 영양학의 관점에서 그 효능을 설명할 수 있어야 한다. 레시피에 포함된 주요 영양소와 파이토케미컬이 면역력, 스트레스 완화, 소화 기능 등에 구체적으로 어떤 긍정적 영향을 미치는지 분석하고, 그 효과를 극대화할 수 있는 조리법(예: 지용성 비타민 흡수를 돕기 위해 기름과 함께 조리)을 적용해야 한다.
- **지역적 고유성**(Locality): 다른 지역에서는 맛볼 수 없는, 그 지역만의 고유한 식재료와 스토리를 담고 있어야 한다. 이는 레시피에 '진정성'과 '희소성'을 부여하여 관광객을 끌어들이는 가장 강력한 무기가 된다.
- **실용적 표준화**(Standardization): 아무리 좋은 레시피라도 실제 관광 현장에서 일관성 있게 구현할 수 없다면 의미가 없다. 정확한 계량, 조리 시간, 온도 등 누구나 따

라 할 수 있는 표준화된 조리법을 개발해야 한다. 또한, 1인분, 4인분, 단체(50인분) 등 다양한 규모에 맞춰 레시피를 변환할 수 있어야 하며, 칼로리, 탄수화물, 단백질, 지방 등 기본적인 영양 정보를 제공하여 관광객의 신뢰를 얻어야 한다.

- **문화적 경험성**(Experience)**:** 레시피는 음식에 담긴 역사, 설화, 문화적 의미를 함께 전달하는 '스토리텔링'과 결합되어야 한다. 이 음식을 왜 먹게 되었는지, 어떤 의미를 담고 있는지에 대한 이야기는 단순한 식사를 잊지 못할 문화 체험으로 승화시킨다.

2) 국내 전통과 자원의 재발견: 레시피 연구 사례

- **[산림 자원] '포레스토랑' 레시피 공모전:** 한국산림복지진흥원이 주관한 이 공모전은 전국의 숨겨진 임산물을 활용한 창의적인 레시피를 발굴하는 좋은 사례이다. 특히, 더덕, 참나물, 버섯 등을 활용한 레시피를 도시락, 밥상, 일품식, 간식 등 구체적인 활용 목적에 따라 개발하고, 단체 급식까지 가능한 표준화된 분량을 제시함으로써, 실제 산림치유 시설에서 바로 적용할 수 있도록 실용성을 높였다.
- **[전통 음료] 수정과:** 계피와 생강이라는, 한의학적으로도 그 효능이 입증된 약재를 활용한 수정과는 '소화'와 '심신 안정'이라는 명확한 치유 기능을 가진다. 맵고 기름진 명절 음식 후에 수정과를 마시는 것은 단순한 후식이 아니라, 더부룩한 속을 편안하게 다스리려는 조상들의 과학적 지혜가 담긴 전통이다.
- **[지역 특산물] 담양 죽순 요리:** 대나무의 고장 담양에서는 죽순을 활용한 다양한 요리를 선보인다. 특히 대나무 통에 쌀과 은행, 잣, 죽순 등을 넣고 쪄내는 '대통밥'은, 죽순의 영양뿐만 아니라 대나무의 은은한 향과 기운까지 음식에 담아내는 독특한 조리법을 통해 차별화된 치유 경험을 제공한다.

3) 세계의 지혜를 배우다: 해외 치유 레시피 사례

- **[중국] 인삼 닭탕**(藥膳): '약선'의 기본 원리인 '보양(補養)'과 '균형'을 잘 보여주는 레시피이다. 기력이 쇠했을 때 원기를 보충하는 닭고기와 인삼, 그리고 음양의 조화를 맞추기 위한 대추, 구기자 등이 어우러져, 단순한 보양식을 넘어 개인의 상태에 맞춘 '맞춤형 치유'의 개념을 담고 있다.
- **[그리스] 이카리아 장수 레시피**(Blue Zone): 세계적인 장수촌 '블루존' 중 하나인 그리스 이카리아섬의 식단은 특별한 약재나 슈퍼푸드가 아닌, 주변에서 쉽게 구할 수 있는 식물성 재료에 기반한다. 렌틸콩, 병아리콩 등 콩류와 야생 허브, 텃밭 채소, 그리고 많은 양의 올리브유로 구성된 그들의 소박한 레시피는, 장수와 건강이 '무엇을 먹는가' 뿐만 아니라 '어떻게 살아가는가'의 문제와 연결되어 있음을 보여준다.
- **[페루] 세비체**(Ceviche): 신선한 해산물을 라임즙에 재워 차갑게 먹는 페루의 대표 요리이다. 주재료인 '레체 데 티그레(Leche de Tigre, 호랑이의 젖)'라 불리는 소스는 라임, 고추, 마늘, 생강 등이 어우러져 강력한 비타민 C와 항균, 항염 효과를 낸다. 현지에서는 숙취 해소와 원기 회복을 위한 최고의 음식으로 꼽히며, 맛과 기능성을 모두 잡은 훌륭한 치유 레시피이다.

다음 표는 치유음식 레시피 개발 사례를 요약한 것이다.

연구 유형	대표 레시피 및 사례	핵심 특징 및 연구 목적	관광 콘텐츠 활용 방안
국내 자원 기반	산더덕 어묵, 대통밥, 수정과	지역 농・임산물의 재발견 및 새로운 가치 부여	지역 축제 대표 음식, 팜스테이 / 포레스트 스테이 체험 요리
해외 전통 약선	인삼 닭탕, 아유르베다 커리	전통 의학 지식의 현대적 해석 및 건강 기능성 강조	한방 웰니스 리조트의 전문 식단, 약선 요리 쿠킹클래스
글로벌 치유음식	허브 치킨 수프, 강황 국수 수프	세계 각국의 보편적인 컴포트 푸드를 건강하게 재해석	다문화 음식 축제, 글로벌 웰빙 레스토랑 메뉴
장수 지역 식단	이카리아식 렌틸 수프, 오키나와 고야참플	장수인의 식습관과 생활 철학을 레시피에 담아냄	'블루존' 라이프스타일 체험 투어, 장수 식단 워크숍

2. 학습자들이 직접 프로젝트를 수행하고 경험을 쌓을 수 있는 프로젝트 안내

'아는 것'과 '할 수 있는 것'은 다르다. 치유음식관광에 대한 모든 이론적 지식은, 학습자가 직접 문제를 발견하고, 아이디어를 내며, 실제 결과물을 만들어내는 '프로젝트'의 과정을 통해 비로소 살아있는 지혜와 역량으로 전환된다. 프로젝트 기반 학습(Project-Based Learning, PBL)은 단순히 지식을 암기하는 것을 넘어, 창의적 문제 해결 능력, 협업 능력, 그리고 현장 적용 능력 등 21세기가 요구하는 핵심 역량을 기르는 가장 효과적인 교육 방법이다. 이 장은 독자들이 이제 수동적인 학습자를 넘어, 능동적인 '치유음식관광 콘텐츠 크리에이터'로 거듭날 수 있도록 구체적인 프로젝트 수행 과정과 아이디어를 안내하고자 한다.

1) 왜 프로젝트를 수행해야 하는가?: 프로젝트의 목적과 가치

- **이론과 실제의 통합:** 책으로 배운 지식을 현실 세계에 적용하며 그 의미를 체득한다. '지속가능성'이라는 개념을, 지역 농가와 협력하여 로컬푸드 메뉴를 개발하는 과정을 통해 온몸으로 이해하게 된다.
- **창의성과 독창성의 발현:** 정해진 답이 없는 실제 문제를 해결하는 과정에서, 학습자는 자신만의 독창적인 아이디어와 해결책을 모색하게 된다. 이는 자신만의 강점과 흥미를 발견하고, 미래 진로를 탐색하는 중요한 계기가 된다.
- **'안전한 실패'의 기회:** 실제 창업이나 사업 수행과 달리, 프로젝트는 실패에 대한 부담이 적은 '안전한 실험실'과 같다. 학습자는 이 안에서 마음껏 도전하고, 실패를 통해 배우며, 성공의 경험을 통해 자신감을 얻을 수 있다.

❖ **사회적 기여를 통한 보람:** 나의 프로젝트가 지역사회의 작은 문제라도 해결하는 데 기여하거나, 참가자들에게 긍정적인 영향을 미치는 것을 보며 큰 보람과 학습 동기를 얻게 된다.

2) 프로젝트 수행 가이드: 아이디어에서 결과물까지

성공적인 프로젝트는 체계적인 단계를 거쳐 완성된다. 다음은 일반적인 프로젝트 수행의 4단계 과정이다.

❖ **[1단계] 발견 및 아이디어 구체화**(Discovery & Ideation)**:** '어떤 문제를 해결하고 싶은가?' 혹은 '무엇에 가장 흥미를 느끼는가?'라는 질문에서 시작한다. 우리 지역의 잊혀가는 전통음식, 청년들의 정신 건강 문제, 버려지는 농산물 등 주변의 문제에 관심을 기울여보자. 브레인스토밍, 마인드맵 등의 기법을 활용하여 다양한 아이디어를 탐색하고, 그중 가장 실현 가능하고 의미 있는 프로젝트 주제를 선정한다.

❖ **[2단계] 기획 및 설계**(Planning & Design)**:** 아이디어를 구체적인 실행 계획으로 만드는 단계이다. 프로젝트의 목표를 명확히 하고(SMART 목표: Specific, Measurable, Achievable, Relevant, Time-bound), 누구를 위한 프로젝트인지(Target Audience), 무엇을, 언제, 어디서, 어떻게 진행할 것인지(5W1H)를 상세하게 설계한다. 예산 계획, 홍보 방안, 역할 분담, 그리고 예상되는 위험 요소와 그에 대한 대비책까지 포함되어야 한다.

❖ **[3단계] 실행 및 운영**(Execution & Operation)**:** 계획을 현실로 옮기는 단계이다. 레시피를 개발하고, 시제품을 만들며, 실제 참가자를 모집하여 프로그램을 운영한다. 이 과정에서 발생하는 예기치 못한 문제들을 팀원들과 협력하여 해결해 나가는 능력이 중요하다. 모든 과정은 사진, 영상, 글로 꼼꼼하게 기록하여 다음 단계를 위한 자료로 남겨둔다.

❖ **[4단계] 평가 및 성찰**(Evaluation & Reflection)**:** 프로젝트가 끝난 후, 그 성과와 과정을 되돌아보는 가장 중요한 단계이다. 참가자 만족도 설문조사, 재무 결과 분석 등 객관적인 평가와 더불어, '프로젝트를 통해 무엇을 배웠는가?,' '어떤 점이 아쉬웠고,

다음에 다시 한다면 어떻게 개선하고 싶은가?' 등 팀원들과의 깊이 있는 성찰을 통해 경험을 지혜로 승화시킨다. 이 단계의 결과물은 훌륭한 포트폴리오가 된다.

3) 프로젝트 아이디어 쇼케이스

✣ **[유형 1] 레시피 개발형 프로젝트:** "우리 지역 [특산물]을 활용한 MZ세대 취향 저격 치유 디저트 개발"

- 개요: 우리 지역의 대표 특산물인 [예: 인삼, 쑥, 곶감]은 건강에 좋지만 젊은 세대에게는 낡은 이미지로 인식되고 있다. 이 특산물을 주재료로 하여, 인스타그램에 올리고 싶을 만큼 아름답고, 맛도 좋으며, 건강 기능성까지 갖춘 새로운 디저트 레시피 3종을 개발한다. 최종 결과물은 표준화된 레시피, 영양성분 분석표, 그리고 상품화를 위한 브랜드 스토리와 패키지 디자인 시안을 포함해야 한다.

✣ **[유형 2] 체험 프로그램 기획형 프로젝트:** "번아웃을 겪는 직장인을 위한 주말 디지털 디톡스 치유음식 캠프"

- 개요: 도시의 직장인들을 대상으로, 주말 1박 2일 동안 스마트폰을 잠시 내려놓고 자연 속에서 음식으로 치유받는 프로그램을 기획한다. 프로그램에는 '마음챙김 텃밭 가꾸기,' '로컬푸드 쿠킹클래스,' '불멍과 함께하는 저녁 식사,' '아침 요가와 건강 주스' 등이 포함될 수 있다. 상세 일정, 예산, 참가자 모집을 위한 홍보 계획까지 구체적으로 제시해야 한다.

✣ **[유형 3] 연구 · 분석형 프로젝트:** "우리 동네 로컬푸드 레스토랑의 사회적 가치 측정 연구"

- 개요: 최근 우리 지역에 문을 연 로컬푸드 레스토랑이 지역사회에 미치는 영향을 분석한다. 방문객 대상 설문조사를 통해 레스토랑의 인지도와 만족도를 측정하고(정량 분석), 레스토랑 대표와 직원을 심층 인터뷰하여 운영 철학과 애로사항을 파악하며(정성 분석), 지역 농가에 미치는 경제적 파급 효과를 추정한다. 최종 결과물은 현황 분석과 함께, 레스토랑의 발전을 위한 구체적인 정책 제안을 포함한다.

다음 표는 프로젝트 유형을 요약한 것이다.

프로젝트 유형	활동 예시	프로젝트를 통해 기를 수 있는 핵심 역량
레시피 개발형	'저염식 HMR' 개발, '비건 김치' 레시피 연구, '전통주 페어링' 메뉴 개발	창의적 메뉴 개발 능력, 식품영양 및 조리과학 적용 능력, 푸드 스타일링
체험 프로그램 기획형	'음식 명상' 워크숍, '어린이 미각 학교,' '치유음식 축제' 기획	기획 및 실행력, 예산 관리 및 마케팅 능력, 커뮤니케이션 및 리더십
연구・분석형	관광객 소비 패턴 분석, 해외 성공사례 벤치마킹, 정책 효과 분석	데이터 분석 및 해석 능력, 논리적 사고 및 보고서 작성 능력, 시장 조사 능력

12장

치유음식관광의 동향과 미래 전망

1. 치유음식관광 분야의 최신 동향과 흐름

여행의 지도가 바뀌고 있다. 단순히 새로운 풍경을 찾아 떠나는 것을 넘어, 여행을 통해 진정한 나를 찾고 삶의 활력을 회복하려는 이들이 늘어나면서, '음식'은 그 여정의 가장 중요한 나침반이 되고 있다. 특히 건강한 삶에 대한 염원이 그 어느 때보다 간절해진 지금, 치유음식관광은 관광 산업의 가장 역동적인 중심으로 부상하고 있다. 그렇다면 현재, 이 거대한 흐름을 만들어내고 있는 핵심적인 동향은 무엇일까? 마치 땅속 깊은 곳에서부터 솟아나 거대한 강물을 이루는 여러 물줄기처럼, 지금의 치유음식관광을 형성하는 몇 가지 중요한 흐름을 짚어볼 필요가 있다.

첫 번째 흐름은 '음식 명상'이라 불릴 만큼 깊어진 '마음챙김 식사(Mindful Eating)'와 '진정성'에 대한 추구이다. 이는 단순히 건강에 좋은 유기농 식재료를 찾아 먹는 수준을 넘어, 음식이 내 입에 오기까지의 전 과정을 이해하고, 먹는 행위 자체에 온전히 집중하며, 그 속에서 위안과 감사를 얻는 경험을 의미한다. 화려한 기교로 뒤덮인 음식보다, 투박하더라도 식재료 본연의 맛이 살아있는 음식, 그리고 그 음식을 기른 농부의 철학이 담긴 이야기에 사람들은 이제 더 큰 감동을 받는다. 이 때문에 최근의 치유음식관광 프로그램들은 요리 실습에 앞서 식재료가 자라는 밭이나 바다를 먼저 방문하고, 생산자와의 대화를 통해 음식에 담긴 생명의 가치를 먼저 배우는 시간을 반드시 포함하곤 한다. 이는 음식을 미각의 즐거움을 넘어, 온몸의 감각으로 느끼는 명상의 과정으로 승화시키는 중요한 흐름이다.

두 번째는 지역의 가장 깊은 속살을 드러내는 '하이퍼로컬리즘(Hyper-localism)'의 부상이다. '로컬푸드'라는 개념을 넘어, 반경 5km 이내에서 생산된 식재료만을 고집하거나,

그 마을에서만 자생하는 토종 식물이나 해조류를 활용하는 등, 지역의 미시적 정체성을 음식에 담아내려는 시도가 각광받고 있다. 이러한 흐름은 '어디에서나 맛볼 수 있는' 음식 대신 '오직 이곳에서만 가능한' 경험을 찾는 현대 관광객들의 욕구와 정확히 일치한다. 울릉도의 눈 속에서 자란 명이나물로 만든 밥상, 제주 바닷가 마을의 할머니가 끓여주는 깅이죽(작은 게로 끓인 죽) 한 그릇은, 그 어떤 고급 레스토랑에서도 흉내 낼 수 없는 강력한 스토리와 치유의 힘을 지닌다. 하이퍼로컬리즘은 지역의 숨겨진 가치를 발굴하고, 그 자체를 대체 불가능한 관광 콘텐츠로 만드는 가장 확실한 전략이 되고 있다.

세 번째 흐름은 '약식동원(藥食同源)'이라는 오래된 지혜의 현대적 부활이다. '음식과 약은 그 근원이 같다'는 동양 철학은, 이제 첨단 과학의 시대에 가장 트렌디한 건강관리법으로 재조명받고 있다. 과거처럼 아플 때 약을 찾는 소극적 건강관리를 넘어, 면역력 증진, 스트레스 완화, 장 건강 개선 등 구체적인 목적을 가지고 자신에게 필요한 음식을 찾아 먹는 '능동적 건강관리'가 대세가 된 것이다. 이러한 흐름 속에서 유산균이 풍부한 발효음식, 항산화 물질이 가득한 사찰음식, 그리고 각종 허브와 약초를 활용한 기능성 음식들은 단순한 별미가 아닌, 건강을 위한 필수 요소로 인식되고 있다. 치유음식관광은 바로 이러한 '셀프 메디케이션(Self-medication)' 시대의 가장 즐거운 실천 방법 중 하나로 자리매김하고 있다.

마지막으로, '지속가능성'이 더 이상 선택이 아닌, 좋은 음식을 판단하는 핵심 기준으로 자리 잡았다는 점이다. 오늘날의 현명한 소비자들은 음식의 맛과 영양뿐만 아니라, 그 음식이 생산되고 소비되는 과정이 환경과 사회에 미치는 영향까지 고려한다. 식재료의 낭비를 최소화하는 '제로 웨이스트' 철학을 실천하는 식당, 채식주의자들을 위한 수준 높은 식물 기반 메뉴, 공정무역과 동물복지를 고려한 윤리적 식재료의 사용 여부는 이제 하나의 레스토랑과 관광 상품의 품격을 결정하는 중요한 척도가 되었다. '건강한 음식은 건강한 지구에서만 나올 수 있다'는 당연한 진리가, 이제 치유음식관광의 가장 근본적인 원칙이 되어가고 있는 것이다.

이처럼 오늘날의 치유음식관광은 마음챙김, 하이퍼로컬리즘, 약식동원, 그리고 지속가능성이라는 네 가지의 큰 물줄기가 만나 거대한 강을 이루는 모습과 같다. 각각의 흐름은 서로에게 영향을 주며 발전하고 있으며, 이는 치유음식관광이 앞으로 얼마나 더 깊고 넓은 영역으로 나아갈 수 있는지를 짐작하게 한다. 그렇다면 이러한 현재의 흐름들은 미래에 어떤 모습으로 더욱 발전하게 될까?

2. 미래 치유음식관광의 전망과 가능성

여행의 패러다임이 변화하고 있다. 과거의 여행이 새로운 장소를 '보는 것'에 집중했다면, 현대의 여행은 그곳에서 무엇을 '경험하고 느끼는가'에 대한 문제로 진화했다. 이러한 변화의 중심에 바로 '치유음식관광'이 자리하고 있다. 단순히 이국적인 음식을 맛보는 미식의 차원을 넘어, 음식을 통해 몸과 마음의 건강을 되찾고, 그 과정에서 잊고 있던 삶의 감각을 일깨우는 여정. 이것이 바로 치유음식관광이 그려나갈 미래이며, 그 가능성은 무한하다.

미래학자들이 현대 사회의 가장 큰 특징 중 하나로 '웰빙 라이프스타일의 보편화'를 꼽는다는 점은 시사하는 바가 크다. 경제적 풍요 속에서 사람들은 이제 소유의 양보다 삶의 질을, 물질적 만족보다 정신적 충만함을 추구하기 시작했다. 여행의 목적 역시 분주한 일상에서의 탈출을 넘어, 적극적인 휴식과 재충전을 통한 자기계발의 기회로 삼으려는 경향이 뚜렷해지고 있다. 이러한 시대적 요구에 치유음식관광은 가장 이상적인 해답을 제시한다. 청정한 자연 속에서 건강한 식재료로 만든 음식을 맛보는 경험은, 그 자체로 현대인에게 가장 필요한 '쉼'과 '회복'의 가치를 선사하기 때문이다.

전 세계적인 고령화 사회로의 진입 역시 치유음식관광의 미래를 밝게 하는 중요한 동력이다. 늘어난 수명만큼 '건강하게 사는 것'이 화두가 된 시대, 특히 고령층에게 음식은 생존을 위한 수단을 넘어 질병을 예방하고 활력을 유지하는 핵심적인 열쇠다. 만성질환 관리를 위한 저염·저당식, 기력 회복을 위한 기능성 영양식 등 건강에 대한 섬세하고 구체적인 요구는 필연적으로 맞춤형 음식관광 시장의 확대로 이어진다. 더 나아가, 팬데믹을 거치며 인류가 얻은 교훈, 즉 물리적 건강만큼이나 정신적·심리적 안정이 중요하다는 깨달음은 치유음식관광의 가치를 더욱 공고히 한다. 정성껏 차려진 음식을 마주하고, 그 속에 담긴 자연의 기운과 사람의 온기를 느끼는 과정은 그 어떤 상담이나 치료보다 강력한 정서적 위안을 줄 수 있다. 이처럼 치유음식관광은 시대가 요구하는 신체적, 정신적 치유에 대한 갈증을 해소해 줄 가장 매력적인 대안으로 떠오르고 있다.

그렇다면 앞으로 치유음식관광은 어떤 구체적인 모습으로 우리에게 다가올까? 몇 가지 핵심적인 변화의 흐름을 통해 그 가능성을 엿볼 수 있다.

첫 번째 흐름은 '초개인화(Hyper-personalization)'이다. 획일화된 패키지 상품은 점차 사라지고, 개인의 유전자 정보, 건강검진 데이터, 생활 습관까지 분석하여 최적의 솔루션을 제공하는 시대가 열릴 것이다. 상상해보자. 과도한 업무로 번아웃을 겪고 있는 한 직장인이 있다고 가정하자. 그녀가 자신의 건강 데이터를 앱에 업로드하면, 인공지능은 스트레스 해소와 활력 증진에 도움이 되는 영양소를 분석해 강원도 산간 지역의 '산림 치유 클러스터'를 추천한다. 그곳에서 그녀는 자신의 체질에 맞게 구성된 약선 요리를 맛보고, 숲 해설사와 함께 걸으며 자생하는 식용 허브에 대한 설명을 듣고, 저녁에는 명상과 함께하는 디톡스 주스 프로그램을 체험한다. 이는 더 이상 먼 미래의 이야기가 아니다. 빅데이터와 생명공학 기술이 관광과 만날 때, 치유음식관광은 단순한 여행 상품이 아닌, 개인의 삶의 질을 관리하는 종합 헬스케어 서비스로 진화할 것이다.

두 번째 흐름은 '기술과 전통의 융합'이다. 인공지능, 증강현실(AR), 가상현실(VR)과 같은 첨단 기술이 치유음식관광의 경험을 더욱 풍부하고 깊이 있게 만들 것이다. 기술의 역할은 전통을 대체하는 것이 아니라, 오히려 그 가치를 더욱 빛나게 하는 데 있다. 예를 들어, 안동의 한 고택에서 종부의 손맛이 담긴 음식을 맛볼 때, AR 글래스를 통해 눈앞의 음식에 얽힌 역사적 이야기와 각 식재료의 효능이 아름다운 그래픽으로 펼쳐진다. 혹은, 직접 방문하기 어려운 지구 반대편의 발효음식 명인에게 VR 기술을 통해 실시간으로 조리법을 전수받을 수도 있다. 이처럼 기술은 시공간의 제약을 넘어, 관광객이 음식 속에 담긴 무형의 지혜와 철학까지 온전히 체험하도록 돕는 강력한 매개체가 될 것이다. 이를 통해 한국의 사찰음식, 지중해의 장수식단 등 각 지역의 고유한 음식 문화는 전 세계인을 매료시키는 '글로벌 웰니스 허브'로 도약할 수 있는 기회를 맞게 될 것이다.

세 번째 흐름은 '지속가능성이라는 새로운 윤리'의 부상이다. 기후 변화와 환경 위기 앞에서, 이제 '착한 소비'는 선택이 아닌 필수가 되었다. 미래의 현명한 관광객은 자신의 건강뿐만 아니라, 내가 방문하는 지역과 지구 전체의 건강까지 고려하는 여행을 선택할 것이다. 이러한 가치 소비의 확산은 치유음식관광에 매우 긍정적인 기회로 작용한다. 지역에서 갓 수확한 제철 식재료(로컬푸드)로 만든 음식, 식재료의 낭비를 최소화하는 '제로 웨이스트' 조리법, 탄소 배출을 줄이는 친환경 농법 등은 치유음식관광의 핵심적인 경쟁력이자 차별점이 될 것이다. 이는 단순히 환경을 보호한다는 의미를 넘어, 자연과 인간이 공존하는 방식을 배우고 실천하는 철학적 경험을 제공함으로써 관광의 품격을 한 단계 끌어올리게 된다.

마지막으로, 치유음식관광은 '오감의 예술'로 발전할 것이다. 음식은 더 이상 미각만의 영역에 머무르지 않는다. 음식과 공연, 예술, 이야기가 결합된 다채로운 문화융합형 콘텐츠가 관광객에게 전에 없던 복합적인 경험을 선사할 것이다. 제주 해녀의 삶을 다룬 공연을 보며 갓 잡은 해산물로 만든 음식을 맛보는 '스토리텔링 디너,' 지역의 설화를 바탕으로 코스 요리가 전개되는 '테마형 미식 축제' 등이 그 예다. 이러한 시도는 음식을 눈과 귀, 코와 입, 그리고 마음으로 느끼는 하나의 종합 예술로 승화시켜, 관광객에게 평생 잊지 못할 감동과 추억을 선물할 것이다.

결론적으로, 미래의 치유음식관광은 개인화된 과학, 따뜻한 기술, 책임 있는 철학, 그리고 풍요로운 예술이 한데 어우러진 모습으로 발전할 것이다. 이는 단순히 새로운 관광 산업의 등장을 넘어, 사람들이 음식을 통해 자신을 성찰하고, 타인과 교감하며, 자연과 조화롭게 살아가는 법을 배우는 새로운 삶의 방식으로 자리 잡게 될 가능성을 품고 있다. 그 무한한 잠재력의 문이 이제 막 열리기 시작했다.

3. 관련 연구 및 산업 동향 소개

하나의 나무가 건강하게 자라기 위해서는 깊고 튼튼한 뿌리, 풍성한 열매, 그리고 그 나무를 지지하고 올바른 방향으로 이끄는 버팀목이 모두 필요하다. 치유음식관광이라는 거대한 나무의 성장 또한 이와 다르지 않다. 그 깊은 곳에는 지식의 근간을 마련하는 '학문적 연구'라는 뿌리가 있고, 지상에는 소비자들이 직접 경험하고 맛보는 '산업 현장'의 다채로운 열매가 맺힌다. 그리고 이 모든 과정을 든든하게 지원하며 성장의 방향을 제시하는 '정책과 제도'라는 버팀목이 존재한다. 이 세 가지 요소가 어떻게 서로에게 영향을 주고받으며 치유음식관광의 오늘을 만들고 내일을 준비하는지, 그 역동적인 상호작용의 현장을 들여다보면 다음과 같다.

1) 지식의 뿌리를 찾아서: 학문적 탐구의 동향

치유음식관광이 일시적 유행을 넘어 지속가능한 분야로 인정받기 시작한 데에는, 그 효과와 가치를 과학적으로 증명하려는 학계의 부단한 노력이 있었다. '이 음식이 몸에 좋다'는 막연한 기대를 넘어, '왜, 그리고 어떻게 좋은가'라는 질문에 답하기 시작한 것이다. 식품영양학과 의학계에서는 발효음식 속 미생물이 인간의 면역 체계와 정신 건강에 미치는 영향을 규명하는 '장-뇌 축(gut-brain axis)' 연구를 통해, 우리 선조들의 지혜를 현대 과학의 언어로 번역해내고 있다. 사찰음식에 담긴 제철 채소의 파이토케미컬(phytochemical) 성분이 신체의 염증 반응을 완화하는 기제를 밝혀내는 연구들은, 치유음식의 신뢰도를 높이는 결정적인 역할을 한다.

이러한 실증적 연구와 더불어, 관광객의 마음을 깊이 들여다보려는 인문사회학적 연구 또한 활발하다. 관광학, 심리학 연구자들은 무엇이 사람들로 하여금 치유음식 여행을 떠나게 하는지, 그 내면의 동기를 분석한다. 그리고 그 여행의 경험이 한 개인의 삶의 만족도와 식습관에 어떤 긍정적인 변화를 가져오는지를 추적한다. 나아가 인류학과 사회학에서는 음식을 함께 나누는 '공유 식사(commensality)'의 의미에 주목한다. 낯선 여행지에서 현지인과 함께 식탁에 둘러앉아 음식을 나누는 경험이 어떻게 문화적 장벽을 허물고, 파편화된 현대 사회에서 우리가 잃어버린 공동체의 유대감을 회복시키는지를 보여준다. 이처럼 학문적 탐구는 치유음식관광의 보이지 않는 가치를 발굴하고, 산업이 나아갈 방향을 제시하는 등대의 역할을 수행하고 있다.

2) 혁신의 열매를 맺다: 산업 현장의 변화

학계에서 마련한 지식의 토대 위에서, 산업 현장은 창의적인 아이디어를 더해 매력적인 열매를 맺고 있다. 가장 눈에 띄는 변화는 고급 호텔과 리조트가 단순한 숙박 공간을 넘어 '웰니스 거점'으로 진화하고 있다는 점이다. 이들은 전문 영양사가 설계한 디톡스 식단, 심신 안정을 위한 명상 프로그램, 현지 식재료를 활용한 스파 테라피를 결합한 종합 패키지를 선보이며, 투숙객에게 온전한 회복의 경험을 제공한다. 이는 치유음식관광이 고부가가치 산업으로 성장할 수 있는 잠재력을 명확히 보여준다.

또 다른 중요한 흐름은 '지역으로의 회귀'이다. 도시의 소비자들은 이제 그 지역에서만 맛볼 수 있는 고유한 음식, 진정성 있는 이야기를 갈망한다. 이러한 요구에 부응하여, 전국의 농어촌 지역에서는 지역 특산물을 활용한 다채로운 체험 프로그램을 개발하고 있다. 전남 보성의 차밭에서 찻잎을 따고 다도를 배우는 여정, 경북 안동의 고택에서 수백 년간 이어진 내림음식의 철학을 배우는 시간은, 관광객에게 단순한 미식 이상의 깊은 감동을 선사한다. 이는 지역 농가에 새로운 활력을 불어넣고, 잊혀가던 지역의 고유한 문화를 되살리는 기폭제가 된다.

디지털 기술과의 만남은 이러한 혁신을 더욱 가속화한다. 온라인 쿠킹 클래스는 전 세계인을 한국의 부엌으로 초대하는 '경계 없는 교실'이 되고, 소셜 미디어는 지역의 작은 식당이 선보이는 건강한 밥상을 전 세계에 알리는 가장 강력한 확성기가 된다. 산업계는 이처럼 온・오프라인의 경계를 넘나들며 새로운 시장을 창출하고, 치유음식관광의 외연을 끊임없이 확장하고 있다.

3) 성장을 이끄는 버팀목: 정책과 제도의 역할

치유음식관광이라는 나무가 비바람에 흔들리지 않고 곧게 자라기 위해서는 정부와 지방자치단체의 정책적 지원이라는 버팀목이 필수적이다. 정부는 치유음식관광을 국민 건강 증진과 지역 경제 활성화라는 두 마리 토끼를 잡을 수 있는 핵심 전략 분야로 인식하고 있다. '웰니스 관광 클러스터'를 지정하여 특정 지역에 연구개발, 인프라, 마케팅을 집중 지원하는 것이 대표적인 예다. 이는 마치 재능 있는 묘목을 발견하고, 그 주변의 토양을 비옥하게 만들어주는 정원사의 역할과 같다.

중앙정부가 큰 틀의 방향을 제시한다면, 지방자치단체는 각 지역의 특색에 맞는 구체적인 사업을 추진한다. 풍부한 해양자원을 가진 해안 도시는 해산물을 활용한 '해양치유' 프로그램을, 울창한 숲을 보유한 산간 지역은 임산물을 활용한 '산림치유' 밥상을 개발하는 식이다. 또한 '치유농업법'과 같은 제도적 기반은 관련 산업에 뛰어드는 농가와 기업들이 안정적으로 성장할 수 있는 울타리가 되어준다. 이러한 정책적 지원은 치유음식관광이 일부 선도적인 기업의 노력에만 의존하는 것이 아니라, 국가 차원의 지속가능한 산업으로 뿌리내리는 데 결정적인 기여를 한다.

이처럼 치유음식관광은 학계의 깊이 있는 통찰, 산업계의 역동적인 혁신, 그리고 정부의 체계적인 지원이라는 세 축이 조화롭게 어우러지며 발전하고 있다. 어느 한 부분도 소홀히 할 수 없는 이 유기적인 협력 관계야말로, 치유음식관광의 밝은 미래를 담보하는 가장 확실한 약속이다.

13장

THE THEORY OF HEALING FOOD AND TOURISM

피지컬 AI 시대의 치유음식 관광 문화: 지속가능하고 혁신적인 발전 전략

본 장에서는 피지컬 AI(Physical AI) 시대의 도래에 발맞춰, 치유음식 관광 문화 산업의 지속가능하고 혁신적인 발전을 위한 구체적인 추진 전략을 제시한다. 피지컬 AI는 로봇, 센서, IoT 등 물리적 환경에서 데이터를 수집하고 상호작용하는 인공지능을 의미하며, 이는 관광 및 음식 산업의 새로운 패러다임을 열 것이다.

1. 피지컬 AI와 치유음식 관광 문화의 융합 패러다임

1) 피지컬 AI(Physical Artificial Intelligence)의 개념 및 치유 관광 산업에의 함의

- **피지컬 AI 정의:** 실제 물리적 공간(Physical Space)에서 센서, 로봇, 자율 시스템 등을 통해 데이터를 수집, 분석하고, 인간과 상호작용하며 물리적 작업을 수행하는 인공지능 기술을 말한다.

  피지컬 AI(Physical Artificial Intelligence)란 단순히 데이터나 디지털 공간에서 사고하고 판단하는 AI를 넘어, 실제 물리적 환경에서 움직이고, 조작하고, 적응하며 학습하는 인공지능 시스템을 뜻한다. 즉, AI＋로봇공학(Robotics)＋물리적 센싱 / 행동 기술의 융합체이다. 피지컬 AI(Physical AI)는 최근 인공지능 연구와 로보틱스 분야에서 빠르게 떠오르고 있는 개념이다. 간단히 말하면, AI가 '물리적 세계'에서 직접 행동하고 상호작용할 수 있도록 설계된 지능을 의미한다.
- **치유 관광 함의:** 피지컬 AI는 개인 맞춤형 서비스, 위생 및 안전 강화, 효율적인 운영 관리 등 치유 관광의 핵심 가치를 극대화할 수 있는 혁신적인 수단을 제공한다.
- **기술 요소:** 자율 주행 서비스 로봇(배달, 안내), 스마트 농장 / 키친(식재료 생산 및 조리), 웨어러블 기기 및 바이오 센서(개인 건강 데이터 수집 및 분석)

2) 융합을 통한 새로운 서비스 모델 도출

- **맞춤형 식단 추천 및 조리 로봇:** 개인의 실시간 건강 데이터(심박수, 수면 패턴, 알레르기 등)를 기반으로 AI가 최적의 치유 식단을 추천하고, 로봇이 식재료 준비 및 조리 과정을 지원하여 정밀한 영양 관리를 구현한다.

❖ **스마트 치유 공간:** IoT 센서와 AI가 연동된 숙박 시설, 힐링 공간 등에서 최적의 환경(온도, 습도, 조명, 향기)을 자동으로 조절하여 관광객의 심신 안정 및 치유 효과를 높인다.

2. 지속 가능한 발전을 위한 스마트 생산 및 공급망 혁신

1) 치유 식재료의 스마트 생산 시스템 구축

- **AI 기반 정밀 농업:** 치유음식에 사용되는 특용 작물의 생육 환경(토양, 기후, 영양분)을 AI가 실시간으로 분석하고, 로봇 시스템이 정밀하게 관리하여 최적의 치유 효능을 가진 식재료를 안정적으로 생산한다.
- **로봇 기반 스마트 키친:** 식재료의 전처리, 위생 관리, 표준화된 조리 과정을 로봇이 수행하여 인적 오류를 최소화하고, 치유음식의 품질을 균일하게 유지하며 위생 안전성을 극대화한다.

2) 지속 가능한 공급망 및 ESG 경영 연계

- **블록체인 기반 투명성 확보:** 치유 식재료의 생산지, 유통 과정, 성분 정보를 블록체인에 기록하여 관광객에게 투명하게 제공함으로써, 치유음식에 대한 신뢰도를 높이고 지속 가능한 지역 농가와의 상생을 강화한다.
- **AI 기반 폐기물 관리:** 음식물 쓰레기 발생 패턴을 AI가 분석하고, 식재료 발주 및 재고 관리를 최적화하여 환경 부담을 최소화하는 친환경(ESG) 경영을 실현한다.

3. 혁신적인 치유음식 관광 콘텐츠 및 사용자 경험 강화

1) 개인화된 AI 기반 치유 프로그램 개발

- **실감형 VR/AR 융합 콘텐츠:** 치유음식을 매개로 한 가상 체험(VR)이나 증강현실(AR)을 활용한 역사/문화 교육 콘텐츠를 개발하여, 음식의 배경 지식과 치유 가치를 몰입감 있게 전달한다.
- **AI 큐레이션 및 동반자 로봇:** 관광객의 건강 상태, 선호도, 치유 목표를 고려하여 AI가 개별 맞춤형 관광 경로, 음식 체험, 힐링 활동을 실시간으로 큐레이션한다. 안내 및 상호작용을 위한 AI 동반자 로봇을 도입하여 개인 맞춤형 서비스를 제공한다.

2) 피지컬 AI 활용 관광 현장의 안전 및 접근성 개선

- **스마트 방역 및 안전 관리:** AI 기반 CCTV, 드론 등을 활용하여 관광지 내 혼잡도를 예측하고 안전 위험 요소를 실시간으로 모니터링하며, 방역 및 위생 관리를 철저히 하여 안전한 치유 환경을 조성한다.
- **장애물 없는 접근성**(Barrier-Free)**:** 자율 주행 휠체어 지원 시스템, AI 기반 음성 및 제스처 인식 안내 시스템을 구축하여 고령층, 장애인 등 관광 약자의 치유음식 관광 참여 기회를 확대한다.

4. 인력 양성 및 거버넌스 구축 전략

1) 피지컬 AI 시대의 전문 인력 양성

- **융합형 인재 교육:** 치유음식 전문가(영양사, 셰프)와 AI / 로봇 공학 전문가 간의 협업 역량을 강화하는 융합 교육 프로그램(푸드테크, AI 헬스케어)을 대학 및 직업 교육 기관에서 운영한다.
- **디지털 리터러시 강화:** 기존 관광 및 음식 산업 종사자를 대상으로 피지컬 AI 시스템 운용 및 데이터 분석 능력을 함양할 수 있는 재교육 프로그램을 정례화한다.

2) 혁신 성장을 위한 산 · 학 · 연 · 관 협력 거버넌스 구축

- **정책 및 제도 정비:** 치유음식 관광 분야에서 피지컬 AI 기술 적용을 촉진하기 위한 규제 샌드박스 도입, 데이터 활용을 위한 법적 · 제도적 근거를 마련한다.
- **협력 플랫폼 구축:** 대학(R & D), 기업(기술 개발), 정부 / 지자체(정책 지원), 지역 농가 / 관광 사업자(실증 및 적용)가 참여하는 협력 네트워크를 구축하여 지속적인 기술 혁신과 산업 성장을 도모한다.

이처럼 피지컬 AI는 치유음식 관광 문화 산업이 개인 맞춤화, 효율성, 안전성, 지속 가능성이라는 네 가지 핵심 축을 중심으로 혁신적으로 발전할 수 있는 강력한 동력이 될 것이다. 이러한 전략적 추진을 통해 산업의 경쟁력을 높이고 관광객에게 최상의 치유 경험을 제공할 수 있을 것이다.

참고문헌

1. 단행본

권선애 · AI(2025), 산림복지: 교육 치유 휴양 레포츠 문화관광, 작가와.

김예진(2025), 지친 비바리, 제주도에서 치유받다, e퍼플.

김재수(2024), 치유산업에서 길을 찾다 – 관광 · 음식 · 농업부터 산림 · 해양 치유까지 웰니스 트렌드, 매일경제신문사.

안도균(2016), 동의보감, 양생과 치유의 인문의학, 작은길.

이송이 · 김유천 · 이지성 · 신서정 · 유문희(2025), 치유산업의 개념과 적용에 관한 연구, 농림축산식품부.

이은혜(2025), 약사가 쓰는 치유음식과 자연치유 이야기, 작가와.

임창덕(2024), 치유산업: 보이지 않는 가슴, 세창문화사.

한국관광공사(2021), 추천 웰니스 관광지: 건강한 여행의 시작, Korea Tourism Organization.

Adetunji, C.O., O.S. Michael, O. Kadiri, A. Varma, M. Akram, J.K. Oloke & B.E. Ubi(2022), "Quinoa: from Farm to Traditional Healing, Food Application, and Phytopharmacology," in *Biology and Biotechnology of Quinoa: Super Grain for Food Security*, Singapore: Springer Singapore, pp. 439~466.

Atal, N., & C.K. Atal(2024), "Healing Potential of Herbs and Herbal Tourism," in *Sustainable Development and Resilience of Tourism: Wellbeing and Quality of Life Perspectives*, Cham: Springer International Publishing, pp. 39~61.

Aulet, S., C. Fernandes & D.J. Timothy(2021), "Food and Religion: Tourism Perspectives," in *The Routledge Handbook of Religious and Spiritual Tourism*, Routledge, pp. 411~427.

Berno, T.(2020), "Linking Food Biodiversity and Food Traditions to Food Tourism in Small Island Developing States(SIDS)," in *Biodiversity, Food and Nutrition*, Routledge, pp. 236~254.

Chen, N.N.(2019), "Cultural Pleasures of Eating and Healing: Contributions to Food Wellbeing," in *Food and Experiential Marketing*, Routledge, pp. 71~80.

Goulart, F.S.(1995), *Super Healing Foods: Discover the Incredible Healing Power of Natural Foods*, Penguin.

Jensen, B.(1988), *Foods That Heal: A Guide to Understanding and Using the Healing Powers of Natural Foods*, Penguin.

Jolliffe, L.(2019), "Cooking with Locals: A Food Tourism Trend in Asia?," in *Food Tourism in Asia*, Singapore: Springer Nature Singapore, pp. 59~70.

Le Hong, V., & L. Hsu(2022, December), "Healing Tourism as the 'New Normal' in Tourism Industry: Through Expert's Perspective," in *International Academic Conference on Tourism (INTACT) Post Pandemic Tourism: Trends and Future Directions(INTACT 2022)*, Atlantis Press, pp. 3~19.

Murray, M.T. & J. Pizzorno(2010), *The Encyclopedia of Healing Foods*, Simon and Schuster.

Pieroni, A. & L. Price(2006), *Eating and Healing: Traditional Food as Medicine*, Crc Press.

Pitchford, P.(2002), *Healing with Whole Foods: Asian Traditions and Modern Nutrition*, North Atlantic Books.

Rocha, C.(2006), "Spiritual Tourism: Brazilian Faith Healing Goes Global," in *On the Road to Being There*, Brill, pp. 105~123.

Scarpato, R. & R. Daniele(2004), "New Global Cuisine: Tourism, Authenticity and Sense of Place in Postmodern Gastronomy," in *Food Tourism around the World*, Routledge, pp. 296~313.

2. 논문

구윤자 · 김보성(2024), "인구통계적 요인에 따른 치유관광 선택속성 차이 연구," 관광레저연구, 36(1): 109~126.

김기영 · 김정숙(2014), "한방의료 관광활성화를 위한 체질별 한방음식 개발 방안 연구: 문헌고찰을 중심으로," 관광연구저널, 28(3): 61~74.

김미경 · 박계영(2020), "자연치유음식선택속성이 고객만족 및 장기지향성에 미치는 영향," 외식경영연구, 23(2): 59~81.

______ · 박안순 · 박계영(2020), "자연치유음식 인지도가 음식선택속성과 장기지향성에 미치는 영향," 외식경영연구, 23(4): 51~77.

김소혜 · 김미라 · 나카 · 나나에 · 이훈(2024), "웰니스 관광상품으로서 사찰음식은 어떻게 발전할 수 있는가?: 사찰음식 상품의 개별성과 공통성을 중심으로," 관광학연구, 48(3): 9~29.

김은희 · 홍기운 · 이웅규 · 손영진(2007), "사상체질과 식습관의 관계에 관한 외식경영학적 접근 고찰," 외식산업경영연구, 3(3): 67~88.

김정민(2012), "산림기반형 한방치유 관광상품의 선호도에 관한 연구," 한국환경생태학회지, 26(3): 463~471.

김정수 · 전명숙(2016), "치유여행의 자아이미지 제고 요인 분석," 한국외식산업학회지, 12(4): 249~258.

두경희 · 이은주 · 이윤정(2022), "여행의 심리적 치유 효과에 관한 연구 동향," 문화와융합, 44(5): 805～831.

민재한 · 김경희(2021), "농촌 치유관광 프로그램 속성 만족이 주의회복과 행동의도에 미치는 영향: 인적서비스의 매개효과와 연령의 조절효과," 관광레저연구, 33(8): 43～67.

__________ · 이혜영(2023), "농촌 치유관광 운영자의 농촌성 인식과 활용자원 분석," 관광연구저널, 37(7): 185～198.

박근영 · 김기문 · 김근종(2019), "음식관광 콘텐츠개발을 통한 대전관광 활성화 방안에 관한 연구," 한국외식산업학회지, 15(4): 157～168.

박연진(2017), "지역 특산식품을 활용한 치유음식 메뉴 및 상차림 개발: 장성군 축령산 산림치유관광을 중심으로," 한국지역사회생활과학회지, 28(3): 415～428.

박영희 · 김 영 · 손호기 · 황영(2016), "도시지역 성인의 농촌치유관광 음식 특성 선호도 조사," 한국지역사회생활과학회지, 27(4): 755～777.

윤용보(2015), "치유관광의 식음료서비스상품 및 서비스품질이 방문객만족에 미치는 영향: 강릉지역을 중심으로," 한국외식산업학회지, 11(2): 41～54.

이웅규(2013), "여행의 느림에 관한 아름다움 고찰," 관광연구저널, 27(2): 337～359.

_____(2016), "인문학의 관점에서 본 여행의 본질 연구," 관광연구저널, 30(6): 99～117.

_____(2019), "식은 생이다," 백포 윤태현 평전, 지에이북스.

_____(2023), "섬 관광 활성화를 위한 인문학적 접근," 관광연구저널, 37(5): 83～95.

_____(2024), "섬 관광 활성화를 위한 정책 추진 단계 고찰," 한국도서연구, 36(1): 59～78.

_____(2025), "해양치유 관광콘텐츠 중심의 섬 관광 활성화 방안 연구," 해양관광연구, 18(1): 179～198.

_____(2025), "섬 지역 특성을 극대화한 해양치유자원 및 재활 프로그램 개발방안," 한국도서연구, 37(1): 83～103.

_____ · 구정대(2019), "관광, 관광객의 진정성, 그리고 사회연결망 분석 관련 연구," 관광레저연구, 31(12): 5～19.

_____ · 김용완(2019), "치유농업의 관광상품화를 위한 전략적 접근방안 연구," 호텔리조트연구, 18(1): 57～82.

__________(2023), "코로나 레드 치유를 위한 치유관광상품 개발방안," 한국과 세계, 5(3): 27～44.

__________(2023), "관광서비스시스템 변화에 따른 시간 빈곤감이 관광의 질에 미치는 영향에 관한 탐색적 고찰," 디지털융복합연구, 21(1): 1～7.

_____ · 엄필란 · 김보성(2020), "울릉도와 독도의 야생화를 활용한 꽃차개발과 치유농업 관광상품화 전략," 한국도서연구, 32(1): 63～83.

_____ · 장현종(2019), "접경지역 치유관광콘텐츠로서의 도보여행길 개발방안," 호텔리조트연구,

18(2): 141～164.

______ · 홍인기(2019), "해양음식 관광콘텐츠 개발을 통한 섬 관광 활성화 방안 고찰," 디지털융복합연구, 17(5), 127～135.

장병주(2018), "외식기업 이용객의 디톡스 라이프, 푸드 테라피, 외식행동의도, 삶의 질에 관한 연구," 관광레저연구, 30(5): 397～415.

장천여 · 이흔우 · 이상묵(2025), "관광지 K-Food의 음식품질이 글로벌 관광객에 미치는 영향: 제주를 방문한 중국인 중심으로," *Culinary Science & Hospitality Research*, 31(6): 88～98.

진양호 · 손영진 · 김은희 · 이웅규(2009), "사상체질에 따른 식습관의 차이 연구," *Culinary Science & Hospitality Research*, 15(1): 1～15.

추한나 · 권용석 · 이재신(2024), "세대별 치유음식의 인식도 및 콘텐츠 요구도에 관한 연구: Z, 밀레니얼, X 및 베이비부머 세대 간의 비교를 중심으로," 한국생활과학회지, 33(6): 1007～1020.

Arida, N.S., S. Nugroho, N.W.P. Rusadi & I.G.G. Saputra(2025), "Typology of Wellness Tourism Based on Traditional Healing in Bali," *Journal of Applied Sciences in Travel and Hospitality*, 8(2): 199～210.

Afza, N.(2019), "Spiritual Healing and Wellness Tourism," *Sociology of Medical Tourism*, pp. 11～20.

Chatterjee, M.(1985), "The Food of Healing," in *India International Centre Quarterly*, 12(2): 129～140.

Chen, N.N.(2020), "Making Memories: Chinese Foodscapes, Medicinal Foods, and Generational Eating," *Memory Studies*, 13(5): 820～832.

Choe, J., B.T. Tam, D.T.K. Ha & B.T. Nga(2025), "Local Stakeholders' Perspectives on Food-related Wellness Tourism in Central Vietnam: Challenges and Opportunities," *Tourism Recreation Research*, pp. 1～13.

Delind, L.B.(2006), "Of Bodies, Place, and Culture: Re-situating Local Food," in *Journal of Agricultural and Environmental Ethics*, 19(2): 121～146.

Hribar, M.Š., N.R. Visković & D. Bole(2021), "Models of Stakeholder Collaboration in Food Tourism Experiences," *Acta Geographica Slovenica*, 61(1): 127～140.

Huang, L. & H. Xu(2014), "A Cultural Perspective of Health and Wellness Tourism in China," in *Journal of China Tourism Research*, 10(4): 493～510.

Jelinčić, D.A., & I. Matečić(2021), "Broken but Well: Healing Dimensions of Cultural Tourism Experiences," *Sustainability*, 13(2): 966.

Kim, S.E., S.H. Um & T.J. Lee(2020), "Healing Effects from the on Site Experiences of Tourists," in *International Journal of Tourism Research*, 22(2): 192～201.

Lin, J., Q. Cui, H. Xu & J. Guia(2022), "Health and Local Food Consumption in Cross-cultural Tourism Mobility: An Assemblage Approach," in *Tourism Geographies*, 24(6-7): 1103~1122.

Maitra, R. & M.A. Joseph(2022), "New Avenues of Wellness Tourism in Untouched Aspects of Healing in India," in *International Journal of Research in Tourism and Hospitality*, 8(1): 8.

Mohanraj, R. & S. Sivasankar(2014), "Sweet potato(Ipomoea batatas [L.] Lam)-A Valuable Medicinal Food: A Review," in *Journal of Medicinal Food*, 17(7): 733~741.

Nagle, J.(2010), "Between Trauma and Healing: Tourism and Neoliberal Peace-building in Divided Societies," in *Journeys*, 11(1): 29~49.

Park, J.S., & H.S. Ha(2016), "Impact of Types of Food Tourism Experience on Purchase Intention and Visitor's Satisfaction: Focused on Participants at Dae-gu Food Tour Expo," in *Culinary Science and Hospitality Research*, 22(7): 11~21.

Ramalingum, N. & M.F. Mahomoodally(2014), "The Therapeutic Potential of Medicinal Foods," in *Advances in Pharmacological and Pharmaceutical Sciences*, 2014(1): 264~354.

Salehi, B., M. Shivaprasad Shetty, N. V. Anil Kumar, J. Živković, D. Calina, A. Oana Docea & J. Sharifi-Rad(2019), "Veronica Plants—Drifting from Farm to Traditional Healing, Food Application, and Phytopharmacology," in *Molecules*, 24(13): 2454.

Simpson, B.(1993), "Tourism and Tradition from Healing to Heritage," in *Annals of Tourism Research*, 20(1): 164~181.

Thircuir, S.(2019), "I eat Therefore I Believe: the Raw Food Diet, a Believing Solution for Healing," in *The International Journal of Religion and Spirituality in Society*, 9(1): 41~55.

Torabi Farsani, N., H. Zeinali & M. Moaiednia(2018), "Food Heritage and Promoting Herbal Medicine-based Niche Tourism in Isfahan, Iran," in *Journal of Heritage Tourism*, 13(1): 77~87.

Wan, C., D. Lee, T.M. Wut & R. Banerjee(2025), "Tourists' Local Food Consumption: Travel Experience, Responsible Tourism, or Both?," in *Sustainable Futures*, 9, 100~663.

Yang, J.Y., S. Paek, T. Kim, & T.H. Lee(2015), "Health Tourism: Needs for Healing Experience and Intentions for Transformation in Wellness Resorts in Korea," in *International Journal of Contemporary Hospitality Management*, 27(8): 1881~1904.

3. 신문기사 등

권순일(2022), "완화, 치유에 도움 되는 9가지 힐링푸드," 코메디닷컴, 2022.03.23.

______(2024), "약과 음식은 근원이 같다…… 치유 돕는 힐링푸드 14," 코메디닷컴, 2024.01.20.

김경미(2025), "치유음식의 조건," 농촌여성신문, 2025.07.04.

김기수(2025), "[밥의 인문학] '치유음식'이 우리에게 주는 것," 대한급식신문, 2025.09.24.

김소진(2024), "'치유산업 활성화' 주체 제각각…… 믿고 뛰어들 수익 구조도 없다," 농민신문, 2024. 02.19.

김영학(2025), "마음을 살리는 음식, 몸을 살리는 요리," 엠디저널, 2025.07.21.

김영혜(2025), "'치유관광산업 육성법' 내년 시행…… '웰니스관광' 활성화 기대," 퍼블릭경제, 2025. 03.21.

김재수(2023), "[논현로] '치유관광산업육성법' 제정을 보면서," 이투데이, 2023.11.22.

대한노인신문(2024), "치매와 자연 치유음식," 2024.04.08.

브런치(2025), "상처 회복을 빠르게 돕는 치유음식 5가지," 2025.04.08. https://brunch.co.kr/@honeytip/1406

유선미(2023), "[치유산업현장을 가다⑧] '치유음식 전도사' 유선미, 농촌진흥청 식생활영양과장," 글로벌경제신문, 2023.12.22.

윤새롬(2021), "먹으면서 치유하라, 지친 당신을 위한 '힐링 푸드 5가지'," 하이닥 뉴스, 2021.09.08.

이미숙(2025), "로컬푸드, 지역 농산물이 주는 치유의 기능," 월간 새농사, 2025.05.01.

이상혁(2025), "2026년부터 도입될 치유관광시설이란?," 숙박메거진, 2025.03.26.

한광식(2024), "[기고] 새로운 먹거리 '치유산업,' 체계적인 산업 기반 조성이 필요하다," 한국대학신문, 2024.07.07.

4. 웹사이트

국가법령정보센터, https://www.law.go.kr/

농식품올바로, koreanfood.rda.go.kr

산림문화·휴양에 관한 법률(약칭: 산림휴양법), 2005.08.04. 제정

산림복지 진흥에 관한 법률(약칭: 산림복지법), 2015.03.27. 제정

스마트치유산업포럼, http://shiforum.kr/

자연드림, https://www.icoop.or.kr/coopmall/

충북치유의료관광, https://www.healingyou.co.kr

치유관광산업 육성에 관한 법률(약칭: 치유관광산업법), 2025.04.08. 제정

치유농업 연구개발 및 육성에 관한 법률(약칭: 치유농업법), 2020.03.24. 제정

한국산림복지진흥원, https://blog.naver.com/k-fowi

한국장류발효인협회, http://www.xn--9v2bn5xrilcoa.com/

한국치유협회, https://ktaw.org/business/healbn.html

해양치유자원의 관리 및 활용에 관한 법률(약칭: 해양치유자원법), 2020.02.18. 제정

LampCook, https://www.lampcook.com/food_story/healingfood_story_view.php?

저자소개

[이 웅 규] E-mail: unikorea2024@naver.com

국제관광학회 회장
한국도서(섬)학회 회장
현, 백석대학교 관광학부 및 혁신교육플랫폼대학 교수
　인천도시경영연구원 원장
　가상현실융합경제학회 회장

[김 보 성] E-mail: kimbskr2003@naver.com

해양수산외식조리학회 회장
현, 신경주대학교 글로벌 외식조리학과 교수, 치유연구소(충효관 306호)
　aT한국농수산식품유통공사 정책・예산분과 혁신자문위원
　한국도서(섬)학회 회장
　협동조합 국제외식조리마이스터협회 회장

[김 용 완] E-mail: ywkim@nambu.ac.kr

남부대학교 국제협력단장 겸 평생교육원 원장
광주광역시 지역아동센터 운영 총괄 단장
현, 남부대학교 호텔조리학과 교수
　광주광역시 동구 문화원장
　광주광역시 도시계획 위원

[구 윤 자] E-mail: cjdwjd2011@naver.com

신경주대학교 관광경영학과 박사 졸업
현, 경주 JS리조트 대표
　한국도서(섬)학회 부회장

- 박사학위논문(2024): 치유관광동기가 치유관광선택, 치유관광효과 및 치유관광만족에 미치는 영향에 관한 연구
- 관광레저연구(2024): 인구통계적 요인에 따른 치유관광 선택속성 차이 연구

[이 준 혁] E-mail: jhcorea736@gmail.com

검은수염 정보보안팀 대표리더
팀 HOE 게임즈 개발 팀장
현, 한국생성형AI연구원 사업기획팀 팀장
　AI여행연구소 대표
　커피앤와인페어링연구소 대표

저자와의
협의에 의하여
인지를
생략합니다.

치유음식관광론

초판 1쇄 인쇄 2026년 3월 1일
초판 1쇄 발행 2026년 3월 5일

저자 이웅규 · 김보성 · 김용완 · 구윤자 · 이준혁
발행인 박성진 | 발행처 대 왕 사
등록 1976년 11월 30일 제5~54호
주소 서울시 동대문구 외대역동로 133-1
물류 경기도 파주시 소라지로 176-25(송촌동 414-12)
전화 (031)947-5471(代) | 팩스 (031)947-5470
홈페이지 http://www.daewangsa.net | 이메일 dws74@hanmail.net
값 16,000원

ISBN 978-89-456-9334-1 93320